AS OPINIÕES SOBRE *SUN TZU PARA O SUCESSO*

"Jerry nos mostrou novamente a que veio, unindo a sua profunda compreensão dos requisitos para ser bem-sucedido 'no mundo real' às filosofias clássicas e perenes. Suas receitas de sucesso variam da esfera dos relacionamentos pessoais às estratégias profissionais. Um manual fascinante e revelador para a nossa vida."

— Vig Sherrill, co-presidente, Flextronic Semi-Conductor

"Sendo ele o proeminente estudante de *A Arte da Guerra* que é, Michaelson nos revela a importância pessoal dessa sabedoria tradicional."

— A.J. Vogl, editor de "Across the Board", *The Conference Board Magazine*

"*Sun Tzu para o Sucesso*, obra da dupla de autores, faz uma combinação magistral da sabedoria milenar traduzida para estratégias práticas, táticas, lições e doutrinas que servem para melhorar o desempenho nos negócios e na vida, além da efetividade pessoal."

— Joel E. Terschak, vice-presidente de finanças e CIO, Central Soya Company

"Uau!!! Este é um livro completo:
É uma excelente e iluminadora tradução de *A Arte da Guerra*.
Ela nos mostra o caminho para dar os passos certos na vida.
Traz exemplos concretos para administrar uma carreira bem-sucedida nos negócios."

— Carl Glass, vice-presidente sênior de operações, Varsity Brands, Inc.

"É um manual prático para o sucesso. É o elo entre a respeitável sabedoria de Sun Tzu e os fundamentos para a melhoria de sua vida pessoal, seus negócios e sua carreira."

— Joseph P. Schneider, presidente e CEO, LaCrosse Footwear, Inc.

Gerald Michaelson
Steven Michaelson

SUN TZU PARA O SUCESSO

Use o clássico *A Arte da Guerra* para superar desafios e alcançar os principais objetivos de sua vida

Tradução
ÁLVARO OPPERMANN

EDITORA CULTRIX
São Paulo

Título do original: *Sun Tzu for Success.*

Publicado mediante acordo com Adams Media Corporation, 57 Littlefield Street, Avon, MA 02322, USA.

O primeiro número à esquerda indica a edição, ou reedição, desta obra. A primeira dezena à direita indica o ano em que esta edição, ou reedição, foi publicada.

Edição	Ano
1-2-3-4-5-6-7-8-9-10-11	04-05-06-07-08-09-10-11

Direitos de tradução para a língua portuguesa
adquiridos com exclusividade pela
EDITORA PENSAMENTO-CULTRIX LTDA.
Rua Dr. Mário Vicente, 368 — 04270-000 — São Paulo, SP
Fone: 6166-9000 — Fax: 6166-9008
E-mail: pensamento@cultrix.com.br
http://www.pensamento-cultrix.com.br
que se reserva a propriedade literária desta tradução.

Impresso em nossas oficinas gráficas.

Este livro é dedicado, com amor, ao futuro promissor de Danny, Katie, Jessica e Nicholas

SUMÁRIO

SUN TZU PARA O SUCESSO

Se o soberano prestar atenção às minhas estratégias e nelas basear as suas ações, certamente vencerá a guerra. Portanto, a ele me manterei fiel. Se, no entanto, o soberano as ignorar, com certeza será derrotado, e eu o abandonarei.

— Sun Tzu

INTRODUÇÃO

Não é à toa que os conselhos dados por Sun Tzu para ter
o sucesso tiveram tanto reconhecimento:

A Arte da Guerra é o primeiro livro de auto-ajuda do mundo.

Escrito originalmente em tabuinhas de bambu por volta do ano 500 a.C., *A Arte da Guerra* é o livro mais antigo já escrito. O seu repositório de conselhos para imperadores e generais possui a força de uma sabedoria simples e perene que é aplicável também ao seu sucesso pessoal.

As verdades cristalinas de Sun Tzu formam a base de boa parte do pensamento estratégico oriental, e o seu entendimento, junto ao das estratégias ocidentais, vai ajudá-lo a ser bem-sucedido. Enquanto o Ocidente focou seu pensamento estratégico em combater o inimigo, o Oriente sublinhou a necessidade de vencer antes de lutar, ou seja, obter a vitória fora do campo de batalha.

Já foi dito sabiamente que um escritor só pode existir dentro do contexto do seu tempo. Não seria diferente com Sun Tzu. Seus escritos giram em torno da "arte" crucial da sua época: *A Arte da Guerra*. Seus pensamentos são um manancial de sabedoria sobre os valores fundamentais do ser humano e sobre a criatividade, além de servirem como um guia para o sucesso.

O sucesso pessoal vem da sua personalidade. Esta realidade do "eu" transcende os eventos da vida cotidiana nos seus bons e maus momentos. Transcende também as fases da juventude e da maturidade. A sua realidade íntima é difícil de ser disfarçada no curto prazo, e impossível de ser falsificada no longo prazo. Este "verdadeiro eu" é o que Sun Tzu afirmava ser a essência de um bom comandante. As qualidades intrínsecas do ser humano são tão importantes hoje como nos tempos do autor chinês.

Para você chegar aonde almeja, é importante saber onde está e para onde vai. Adquirir esse conhecimento a respeito do presente e do futuro pode ser um dos desafios mais difíceis de serem superados. O que desejamos vir a ser e conquistar? Só depois de respondida essa pergunta, podemos planejar o curso de nossa ação e pesar se estamos dispostos a fazer os sacrifícios necessários para alcançar os nossos objetivos.

Traduzir a sabedoria de Sun Tzu para os nossos dias é fundamental para que ela possa servir como uma chave à criação de estratégias pessoais. Esperamos que esta obra, uma súmula de 2.500 anos de sabedoria, possa ajudá-lo a tomar decisões importantes. Não foi outro o intuito de nossos comentários que o de sublinhar os princípios básicos de *A Arte da Guerra*.

Recomendamos, no entanto, que o texto de Sun Tzu não seja tomado ao pé da letra, pois a sua sabedoria funciona antes como uma matriz geradora de idéias.

Apresentamos, no Livro I, o texto integral de *A Arte da Guerra*. Acrescentamos a ele subtítulos, de modo que o leitor possa achar com facilidade no texto os conteúdos tratados.

No Livro II, isolamos conceitos-chave d'*A Arte da Guerra* e discutimos como eles podem ser aplicados a estratégias para o seu sucesso.

Uma ampla pesquisa de todas as traduções d'*A Arte da Guerra* para a língua inglesa nos ajudou a sermos fiéis à nossa missão, que se resume em:

1. Amalgamar a sabedoria da milenar obra de auto-ajuda de Sun Tzu a partir das melhores traduções.
2. Adaptar essa sabedoria a estratégias práticas e modernas para o seu sucesso na vida cotidiana.

Se você conseguir empregar a sabedoria clássica de *A Arte da Guerra* em sua vida, teremos sido bem-sucedidos. Desejamos a você, leitor, um longo e duradouro sucesso.

Gerald A. Michaelson
Steven W. Michaelson

A FÁBULA DAS CONCUBINAS

Existem divergências sobre a veracidade da história a ser narrada a seguir e que não faz parte dos treze capítulos que compõem *A Arte da Guerra*. Alguns tradutores a incluem no tratado, outros a ignoram. Todas as versões da história são bastante parecidas. Na que apresentamos, você vai poder encontrar valiosas lições.

Graças ao seu livro *A Arte da Guerra*, Sun Tzu foi recebido pelo rei de Wu.

O rei lhe disse: "Li cuidadosamente os treze capítulos da sua obra. Gostaria de saber se posso submeter a sua teoria de comando de soldados a um pequeno teste."

"Sim, majestade", respondeu Sun Tzu.

"O teste pode ser feito com mulheres?", perguntou o rei.

Sun Tzu respondeu afirmativamente, e logo os preparativos foram feitos para que 180 belas jovens fossem buscadas no palácio. Sun Tzu as dividiu em dois batalhões, colocando uma das favoritas do rei à frente de cada um. A todas ensinou como empunhar alabardas. Por fim, lhes disse: "Eu presumo que vocês saibam a diferença entre a frente e o dorso do corpo, assim como entre as mãos esquerda e direita." As jovens responderam que sim.

Sun Tzu prosseguiu: "Quando, ao rufar dos tambores, eu ordenar 'Sentido!', mirem para a frente. Quando eu ordenar 'Esquerda, volver!', virem-se para a esquerda; quando eu ordenar 'Direita, volver!', virem-se para a direita. Quando eu ordenar 'Meia-volta, volver!', virem-se para o outro lado."

Depois de explicar as palavras de comando e de ter sido compreendido pelas jovens, Sun Tzu deu uma alabarda a cada uma delas a fim de começar os exercícios. Ao rufar dos tambores, ordenou: "Direita, volver!". Em resposta, as jovens explodiram numa gargalhada.

Com toda a paciência, Sun Tzu alertou: "Se as instruções e as palavras de comando não são claras e distintas, o que impede que as ordens sejam perfeitamente entendidas, cabe ao general a culpa." Dizendo isso, pôs-se a explicar as instruções repetidas vezes. Por fim, ordenou que os tambores sinalizassem o movimento para a esquerda. Novamente, as jovens desandaram a rir.

Sun Tzu disse então: "Se as instruções e as palavras de comando não são claras e distintas, e assim as ordens não forem perfeitamente entendidas, cabe ao general a culpa. Mas se as ordens são claras e os soldados as desobedecem, a culpa é dos oficiais." Imediatamente, ordenou que as favoritas do rei, que chefiavam os batalhões, fossem decapitadas.

O rei, que assistia aos exercícios do terraço do palácio, ao ver que as suas concubinas prediletas estavam prestes a ser executadas, ficou alarmado e imediatamente enviou uma mensagem para Sun Tzu: "O rei já se deu por satisfeito com a habilidade do general em comandar tropas. Sem essas duas concubinas, no entanto, nem a comida, nem o vinho dar-lhe-ão mais prazer. É desejo do rei que as jovens sejam poupadas."

Sun Tzu dirigiu-se ao rei respondendo: "Tendo recebido a autoridade máxima para comandar essas tropas, há certas ordens que eu não posso acatar." Ele ordenou, então, que as jovens fossem decapitadas imediatamente como advertência às outras concubinas e promoveu as duas moças seguintes como as líderes de seus respectivos batalhões.

Em seguida, os tambores voltaram a rufar, e o treinamento foi recomeçado. Agora as mulheres executavam todas as manobras obedecendo estritamente as ordens, virando para a direita e para a esquerda, marchando, dando meia-volta, agachando ou levantando. Executaram os exercícios com absoluta precisão, sem emitir um único ruído.

Sun Tzu enviou um emissário ao rei com a seguinte mensagem: "Sua majestade, os soldados já estão corretamente treinados e perfeitamente disciplinados. Eles estão prontos para a sua inspeção. Sua majestade pode pô-los à prova que desejar. Na qualidade de soberano, o senhor pode ordenar que enfrentem toda a sorte de intempéries, que o farão sem desobedecer."

À mensagem, o rei respondeu: "O comandante pode suspender o treinamento e retornar ao seu quartel. Não é nosso desejo inspecionar as tropas."

Impassível, Sun Tzu comentou: "O rei aprecia belas palavras, mas não as coloca em prática."

Os comentários que seguem esta historieta nos dizem que o rei arrependeu-se, reconheceu as habilidades de Sun Tzu e nomeou-o general, sendo que nessa qualidade o famoso estrategista acabou por vencer inúmeras batalhas. Em contrapartida, alguns historiadores acreditam que Sun Tzu tenha servido apenas como um estrategista civil; outros ainda negam a sua existência, afirmando que ele era na verdade outra pessoa.

A moral da história serve como uma lição para situações de treinamento, de disciplina, de estrutura de comando, de desempenho de papéis, ou até mesmo de entrevista de emprego. O leitor atento deve usar sua imaginação para aplicá-la a situações concretas.

LIVRO I
A Arte da Guerra

TEXTO COMPLETO*

* Subtítulos inseridos pelos autores

PREFÁCIO AO LIVRO I

Volta e meia na história da humanidade, a civilização chinesa assumiu um papel de liderança. Deveu-se ao intelecto e ao engenho dos chineses antigos o desenvolvimento da mais avançada tecnologia, do pensamento científico mais rigoroso, das mais bem-sucedidas estratégias de guerra e dos primeiros livros do mundo.

Num cenário de grande prosperidade, rico em avanços científicos e culturais, os chineses devotaram recursos e esforço intelectual para defender o seu próprio Estado — e também para invadir seus vizinhos. *A Arte da Guerra* de Sun Tzu serve como uma crônica proeminente desses tempos.

Sun Tzu não era nem general, nem um líder político. Nos dias de hoje, seria um conselheiro, um especialista do departamento de guerra. De fato, ele servia de consultor para uma plêiade de chefes guerreiros e imperadores.

Suas lições são simples, memoráveis e, pensam os autores, valiosas ainda hoje.

Uma tradução recente de *A Arte da Guerra*, que foi assegurada enquanto os dois autores palestravam sobre Sun Tzu na China, é aqui apresentada na versão integral. No Livro I que segue, o texto é pontuado por subtítulos inseridos pelos autores. Alguns parágrafos foram mudados de lugar com o propósito de tornar mais claro o conteúdo da obra e de facilitar a leitura do texto original.

Uma sugestão para o leitor é que ele leia atentamente a tradução de *A Arte da Guerra* no Livro I para melhor examinar, no Livro II, os conceitos-chave retirados do tratado e discutidos pelos autores.

Capítulo Um

PLANEJAMENTO

Avaliação dos cinco fatores fundamentais

A guerra é uma questão de vital importância para o estado; uma questão de vida ou morte; a estrada para a sobrevivência ou para a ruína. Por essa razão, é um imperativo que ela seja estudada em detalhes.

Portanto, para fazer uma estimativa do resultado de uma guerra, o indivíduo deve avaliar as condições dos lados em conflito em função de cinco fatores fundamentais:

A influência moral
O clima
O terreno
O comandante
A doutrina

Todo general deve estar familiarizado com esses cinco fatores. Os que os dominam vencem; os que não o fazem são derrotados.

Comparação entre os sete atributos

A seguir, para prever o resultado da guerra, o soberano deve analisar os atributos dos lados em conflito fazendo a comparação entre estes sete elementos:

1. Qual dos soberanos possui a maior influência moral?
2. Qual dos comandantes é o mais capaz?

3. Qual dos exércitos tira as condições mais favoráveis do clima e do terreno?
4. Em qual dos exércitos os regulamentos e instruções são mais bem cumpridos?
5. Qual das tropas é superior em armamentos?
6. Qual dos exércitos possui oficiais e homens mais bem treinados?
7. Quem ministra de maneira mais rígida e imparcial as recompensas e punições?

Por intermédio desses sete elementos, eu posso prever qual dos lados sairá vitorioso e qual será derrotado.

Se o soberano prestar atenção às minhas estratégias e nelas basear as suas ações, certamente vencerá a guerra. Portanto, a ele me manterei fiel. Se, no entanto, o soberano ignorá-las, com certeza será derrotado, e eu o abandonarei.

Táticas para enganar o inimigo

Tendo dado ouvidos às vantagens do meu plano, o comandante deve criar uma situação inesperada, que fuja do comum. Por "situação", quero dizer que ele deve agir de acordo com o que o coloque em vantagem no campo de batalha e vá ao encontro das suas necessidades.

O princípio da arte da guerra é ludibriar o inimigo. Logo, quando estamos aptos para o ataque, fingimos que não estamos; quando empregamos as nossas forças, devemos dar a idéia de que estamos inativos; quando estamos próximos, devemos fazer o inimigo acreditar que estamos longe; quando estamos longe, devemos fazê-lo acreditar no contrário.

Jogue uma isca para fisgar o inimigo quando ele cobiça pequenas vantagens. Ataque o inimigo quando ele está desorganizado. Quando ele está forte e bem preparado, tome precauções a seu respeito. Se a sua ação é poderosa, esquive-se dele. Se a ira o motiva, procure desencorajá-lo. Se ele parece humilde, torne-o arrogante. Se as suas tropas estão descansadas, fatigue-as; se elas estão unidas, provoque a sua divisão.

Lance-se ao ataque quando o inimigo não está preparado; entre em ação quando a ação é inesperada.

Para um estrategista, essas são as chaves da vitória. Entretanto, não é possível formulá-las em detalhe sem estar diante de uma situação concreta.

O general que obtiver muitos pontos durante as avaliações no templo terá mais chances de vencer do que o general que obtiver menos pontos durante as avaliações. Com muitos pontos, pode-se vencer; com poucos, não. Quão diminutas são as chances de vencer quando não se soma ponto algum! Examinando a situação sob esse prisma, eu posso prever quem tem mais chances de vitória na guerra.

Capítulo Dois

A CONDUÇÃO DA GUERRA

Como reunir os recursos adequados

Geralmente, operações de guerra requerem o emprego de mil carros ligeiros, mil carros pesados e tropas de cem mil homens com armaduras de malha. O abastecimento das tropas deve ser feito ao longo de mil *li*. O custo da operação logística chega a mil peças de ouro por dia, levando em conta os gastos na base e no campo: a recepção de conselheiros de estado e de visitantes estrangeiros, a compra de materiais como goma e laca e a manutenção dos carros e panóplias. Só deve ser arregimentado um contingente de cem mil homens quando existir dinheiro para tanto.

Faça do tempo um aliado

Quando se comanda um exército dessas proporções, o objetivo deve ser conquistar a vitória no prazo mais curto possível.

Se a guerra se prolonga além do devido, as armas perdem o gume e o moral das tropas baixa. Se o exército ataca cidades, a sua força é consumida. Também, se o exército lança-se a campanhas muito longas, os recursos do estado nunca são suficientes para cobri-las. Como conseqüência, quando as armas se embotam, os soldados se desmotivam, a força se esvai e os recursos se exaurem, os governantes vizinhos aproveitam-se do momento de fraqueza para atacar. Nesse caso, homem algum, por mais sábio que seja, poderá evitar o desastre.

Portanto, mesmo que a pressa seja uma inimiga do guerreiro, nunca se ouvirá falar de uma operação militar inteligente que tenha sido demorada.

Todos devem lucrar com a vitória

Os responsáveis pela operação de guerra não precisam fazer uma segunda mobilização, nem abastecer as tropas mais do que duas vezes. As provisões devem ser trazidas da terra natal e os mantimentos conseguidos à custa do inimigo. Dessa maneira, nada faltará ao exército.

Manter as tropas em terras longínquas é a causa do empobrecimento de um país durante uma campanha militar. O povo sofre privações ao ser forçado a cruzar grandes distâncias para abastecer seus exércitos. Para tornar as coisas piores, os preços nas áreas de campanha sobem às alturas, drenando recursos financeiros. Quando os recursos são exauridos, os camponeses são lançados à miséria, pois, sem forças e sem riquezas, têm de abandonar os seus lares na terra natal. Para cobrir os gastos de carros danificados, cavalos fatigados, elmos e armaduras, bestas e flechas, alabardas e broquéis, lanças e escudos, rebanhos e carroções de suprimentos, setenta por cento dos bens da população e sessenta por cento do erário são consumidos.

Por essas razões, um general sábio procurará obter suprimentos no território inimigo, pois é vinte vezes mais vantajoso comprar o alqueire e a forragem no mercado local do que importá-los da terra natal.

Para destruir o inimigo, deve-se incitar os soldados à luta; para conquistar propriedades, deve-se dividir o espólio entre as tropas como recompensa de guerra. Do mesmo modo, quando dez ou mais carros de batalha são capturados, os primeiros a serem recompensados são aqueles que os capturaram. Nesse caso, as bandeiras e os estandartes do opositor devem ser substituídos pelos nossos, e os seus carros incorporados à nossa força. Os prisioneiros de guerra devem ser bem tratados e cuidados. Tudo isso faz com que nos tornemos mais fortes à medida que batemos o nosso inimigo.

Conheça a sua atividade

O que mais é valorizado numa guerra é a vitória obtida de maneira rápida, não por meio de operações prolongadas. O general que compreende a natureza da guerra torna-se o senhor do destino do seu povo, e sob a sua custódia estará a segurança do país.

Capítulo Três

OS ESTRATAGEMAS DE ATAQUE

Vencer sem precisar lutar

Em geral, o mais inteligente numa guerra é tomar intacto o estado inimigo. Arruiná-lo é estratégia inferior. Capturar um exército inteiro é melhor do que destruí-lo; render um regimento, um batalhão ou um pelotão é melhor opção do que aniquilá-los. Pode-se daí concluir que travar cem batalhas e sair vitorioso de todas não é o ápice da maestria na guerra. A excelência suprema consiste em subjugar o inimigo sem precisar lutar.

Logo, a melhor política numa guerra é atacar a estratégia do inimigo.
A segunda melhor é desmantelar suas alianças pelos meios diplomáticos.
A terceira, atacar o seu exército em campo aberto.
Por fim, a pior política é atacar cidades protegidas por muralhas. Atacá-las é a nossa última alternativa, quando não temos mais outro recurso à disposição.

Leva-se pelo menos três meses para construir manteletes e carros de guerra. Também três meses é o tempo necessário para erigir rampas de terra adjuntas às muralhas. O general impaciente que ordena aos soldados tomarem a cidade de assalto galgando os seus altos muros verá um terço deles ser massacrado, enquanto a cidade permanece livre. Esse é o resultado calamitoso do ataque a cidades amuralhadas.

Portanto, o verdadeiro estrategista subjuga o exército oponente sem o uso da força. Captura as suas cidades sem precisar tomá-las de assalto e derruba o regime inimigo sem operações demoradas.

O objetivo do exímio guerreiro é tomar intacto tudo o que existe sob o céu por meio da superioridade estratégica, poupando as suas tropas do desgaste. Dessa maneira, o triunfo será completo — essa é a arte do ataque por estratagema.

Como obter a superioridade estratégica

Conseqüentemente, a arte no manejo das tropas se baseia nos seguintes princípios:

Quando temos vantagem numérica de dez para um sobre o inimigo, o cercamos.
Quando em vantagem de cinco para um, o atacamos.
Quando temos o dobro de sua força, entramos em guerra com ele.
Quando em pé de igualdade, buscamos levar a discórdia às suas linhas.
Quando em inferioridade numérica, devemos ser capazes de nos defender.
Caso formos inferiores ao inimigo em todos os aspectos, o recomendável é fugir aos seus golpes.
Caso o fraco queira resistir ao forte com medidas defensivas desesperadas, acabará tornando-se presa dele.

Cuidado com os incompetentes do alto escalão

O general é o bastião do estado:
Se for competente em todos os quesitos, o estado será forte.
Se falhar em suas atribuições, o estado enfraquecerá.

Existem, por outro lado, três coisas que o monarca jamais deve fazer, com o risco de levar o seu exército à desgraça:

1. Ordenar o avanço das tropas desconhecendo que elas não podem avançar, ou o contrário: ordenar que as tropas recuem quando elas não estão em condições de fazê-lo. A isso se chama "combalir o exército".

2. Interferir na administração do exército sem conhecimento do que se passa na caserna. Isso causará a revolta dos oficiais e dos soldados.
3. Querer dirigir as manobras de guerra, o que demonstra a ignorância do princípio militar de adaptação às circunstâncias. Isso fomentará a apreensão e as dúvidas entre os oficiais e soldados.

Se a confusão e a suspeita forem disseminadas no nosso exército, os governantes vizinhos aproveitarão a oportunidade para nos trazer o infortúnio. Todas essas ações não resultarão senão na anarquia do exército, e a vitória militar nos escapará.

As circunstâncias que garantem a vitória

Existem cinco fatores que podem garantir a vitória:

1. Vai vencer aquele que sabe quando lutar e quando não lutar.
2. Vai vencer aquele que sabe o que fazer em situações de superioridade e inferioridade.
3. Vai vencer aquele cujas tropas estão unidas em torno de um ideal.
4. Vai vencer aquele que, além de bem-preparado, é paciente para atacar o inimigo despreparado.
5. Vai vencer aquele que contar com generais competentes e em sintonia com o monarca.

Esses cinco fatores conduzem o exército à vitória. Logo, posso garantir:

Conheça o inimigo e conheça a si mesmo. Você vai poder travar cem batalhas e sair vitorioso em todas elas.
Quando você desconhece o inimigo, mas conhece a si mesmo, as chances de ganhar ou perder serão iguais.
Se você desconhece tanto o inimigo quanto a si mesmo, você certamente vai perder.

Capítulo Quatro

DISPOSIÇÃO DAS FORÇAS MILITARES

Para se tornar invencível

Os maiores guerreiros dos tempos passados primeiro garantiam que seriam invencíveis para então aguardar que o inimigo mostrasse o seu lado vulnerável. A invencibilidade é algo que está em nossas mãos, mas a vulnerabilidade do inimigo foge ao nosso controle. Logo, um guerreiro hábil pode se tornar invencível, mas não garantir que o seu inimigo será frágil. Disso concluímos que podemos saber como alcançar a vitória, o que não quer dizer que necessariamente conseguiremos alcançá-la.

A invencibilidade depende da nossa defesa, enquanto a vitória depende do nosso ataque. Defenda-se quando o inimigo é muito forte. Ataque-o quando ele mostra sinais de debilidade.

Quem detém a maestria na defesa parece conseguir se esconder nos recônditos da Terra. Já os mestres do ataque lançam-se sobre o inimigo como se viessem dos céus. Quem reúne as duas qualidades é capaz tanto de proteger a si mesmo como de conquistar a vitória.

Vencer sem lutar

Antever a vitória quando ela pode ser prevista pelo mais comum dos mortais não é mostra de excelência na guerra, como também não o é conquistá-la numa batalha renhida, mesmo que com ela se granjeie a admiração de todos na corte. Chamar isso de maestria na guerra é o mesmo que julgar forte uma pessoa que consiga levantar uma lebre; julgar com boa visão quem enxergue o sol e a lua; ou com boa audição quem ouve o estrondo do trovão.

No passado, só era considerado um hábil guerreiro quem batesse o inimigo com facilidade. Dito de outra forma, um mestre vence a guerra sem ostentar o seu brilhantismo estratégico e sem conquistar honrarias ou a reputação de homem sábio. Vence a guerra quem não comete erros. A garantia da vitória está em não cometê-los, pois quando formos lutar com o inimigo ele já se encontrará derrotado.

Um comandante sábio assegurará que suas forças estão em posição de invencibilidade, ao mesmo tempo em que não desprezará nenhuma oportunidade de derrotar o inimigo. A conseqüência inescapável dessas afirmações é que um exército triunfante não entrará na batalha contra o inimigo até que a vitória esteja assegurada. Já um exército com o estigma do fracasso travará o combate com a esperança de vencer pela sorte. No comandante, devem sobressair as qualidades morais. Deve ele cumprir rigidamente as leis e os regulamentos. Está, enfim, em seu poder ditar o sucesso do seu exército.

Colha informações para usar corretamente os recursos

Agora vamos falar dos elementos da arte da guerra. Eles são, em primeiro lugar, a medição do espaço; em segundo, a estimativa das quantidades; em terceiro, o cálculo das cifras e números; em quarto, a comparação das forças; e em quinto, as chances de vitória.

A medição do espaço é obtida do terreno, de seu tamanho e de seu relevo; a estimativa das quantidades é obtida a partir dessa medição; o cálculo de cifras e números, a partir das quantidades; a comparação é feita tendo como base esse cálculo; e as chances de vitória derivam das comparações.

Logo, um exército exitoso é como se fosse um quintal (*yi*) comparado a um grão, enquanto com um exército fracassado a comparação é simetricamente a oposta.

A força de um exército superior no ataque é comparável à de uma massa de água aprisionada que é subitamente liberada da altura de dois mil metros. Esse é o efeito que a correta disposição das forças militares tem nas ações de guerra.

Capítulo Cinco

O USO DA ENERGIA

Monte uma estrutura de organização racional

Via de regra, para gerenciar uma grande força parte-se do mesmo princípio que o de gerenciar um número reduzido de homens; trata-se de uma questão de organização. Da mesma maneira, comandar um grande exército não é diferente de comandar um pequeno: trata-se de uma questão de formações e sinalizações.

Use a força extraordinária

Quando um exército inteiro consegue resistir a um ataque maciço do inimigo sem sofrer derrota é porque empregou as forças extraordinárias e normais. As tropas que se lançam contra o inimigo como a mó contra os ovos é um exemplo do forte que bate o fraco.

Em geral, utiliza-se a força normal para travar combate e a força extraordinária para vencer a guerra. O comandante que sabe empregar as forças extraordinárias tem em suas mãos recursos infindáveis como o céu e a terra, inexauríveis como o fluxo dos rios. São forças cíclicas como a rotação do sol e da lua. Morrem e renascem como a mudança das quatro estações.

Na arte da guerra não existem senão dois tipos de força — a extraordinária e a normal. As combinações possíveis entre elas, no entanto, geram uma série infinita de manobras possíveis. As duas forças reproduzem-se mutuamente. Movem-se em círculos, nunca chegando a um fim. Quem pode dizer que esgotou as suas possibilidades de combinação?

Harmonize a força com a precisão

Quando as águas torrenciais arrastam grandes pedras em seu curso é por causa do seu ímpeto. Quando a bicada do falcão estraçalha o corpo da presa, é por causa da precisão do golpe. Assim, numa batalha, o bom comandante inspirará confiança em suas tropas e seu ataque será irresistível e esmagador. Seu ataque será preciso no tempo e vibrante no ritmo. A sua energia será igual à de uma besta perfeitamente retesada; a sua rapidez, análoga à liberação do gatilho.

Em meio ao tumulto e ao alarido da batalha, a impressão é de desordem, mas não há na verdade desordem real no movimento das tropas. Elas parecem se mover em círculos, sem rumo, em meio à confusão e ao caos, mas isso é uma prova de que elas sabem se defender.

A aparente desordem nasce da ordem; a covardia fingida, da coragem; a fraqueza aparente, da força. A ordem e a desordem estão subordinadas à organização e ao comando; a coragem e a covardia, à postura; a força e a fraqueza, às disposições.

Assim, o comandante que sabe enganar o inimigo pelas aparências e sabe prever as suas reações, o mantém em constante movimento. Atrai-o com algo que lhe chama a atenção. Mantendo o inimigo em estado de inquietude, espera o momento certo para armar-lhe uma emboscada com tropas de elite.

Um exímio comandante sabe da importância de tirar proveito das situações e nunca faz exigências excessivas aos seus subordinados. Dessa maneira, tem o tirocínio para a escolha dos homens certos para cada momento. Uma prova de que sabe aproveitar as oportunidades é que emprega os seus soldados como toras de madeira ou rochas. É da natureza delas permanecer inertes no plano, mas de entrarem em movimento no declive. Se quadradas, param; se redondas, correm. Analogamente, as tropas bem treinadas possuem a energia vital de pedras lisas que rolam do alto de uma montanha. Isso é o que significa o "uso da energia".

Capítulo Seis

PONTOS FORTES E PONTOS FRACOS

Tome a iniciativa

Em geral, o exército que ocupa primeiro o campo de batalha e lá espera o inimigo está em situação favorável; ao contrário, o exército que tarda a chegar e prepara-se para lutar às pressas se desgasta. Logo, o comandante experiente busca trazer o inimigo para o campo de batalha e não ser levado ao campo por ele.

Quem é capaz de provocar o deslocamento do inimigo o faz porque lhe acenou com algum tipo de chamariz. Já quem é capaz de paralisá-lo o faz porque lhe trouxe danos.

O plano-surpresa

Assim, quando o inimigo está descansado, devemos fatigá-lo; quando bem alimentado, torná-lo faminto; quando bem instalado, fazê-lo levantar acampamento. A maneira de levar a cabo esses intentos é sempre a mesma: surpreender o inimigo num local em que ele precise mobilizar-se às pressas para se defender.

Quando marchamos mil *li* sem nos fatigar é porque sabemos que lá o inimigo não nos espera.
Quando temos certeza do sucesso de um ataque é porque o fazemos num flanco desprotegido.
Quando podemos garantir a defesa é porque estamos cientes que o inimigo terá que apressar-se para nos atacar.

Portanto, contra uma ofensiva competente, o inimigo não saberá como se defender; contra uma defesa bem feita, não saberá por onde atacar.

A ação do perito é sempre sutil e não deixa rastros. Quando se faz inaudível, é divinamente misterioso. Dessa maneira, ele se torna o senhor da fortuna do inimigo.

A sua ofensiva será irresistível se ele atacar os pontos fracos do oponente. Não poderá ser dominado quando bate em retirada se os seus movimentos forem rápidos e ágeis. Logo, se a guerra é a nossa ambição, o inimigo deve ser induzido a lutar mesmo que as suas trincheiras e fossos o protejam. Para que isso aconteça, devemos atacá-lo numa posição em que ele seja vulnerável.

Se não desejamos lutar, é mister frustrar os planos de ataque do inimigo, mesmo que não tenhamos nada além da marcação do terreno de nosso acampamento. Para isso, devemos distraí-lo do seu intento.

Torne-se superior

Do mesmo modo, quando descobrimos as disposições do inimigo e mantemos as nossas ocultas, as nossas forças se mantêm unidas, enquanto as dele se dividem. Dessa maneira, podemos empregá-las em um só foco, enquanto o inimigo deve distribuir a sua força em dez focos diferentes. Logo, quando o atacamos, estamos em superioridade numérica de dez para um sobre ele. Se pudermos nos valer de muitos para atacar poucos num local escolhido, o nosso inimigo estará em apuros.

O alvo do nosso ataque deve ser mantido em segredo, pois dessa maneira obrigamos o opositor a tomar precauções contra ataques hipotéticos. Quanto maior o número de lugares que ele tiver de guardar, menor será o número de tropas que enfrentaremos no local escolhido.

Logo, se ele tomar medidas defensivas na vanguarda, a sua retaguarda ficará enfraquecida; se a retaguarda for reforçada, a vanguarda se fragilizará. Se ele reforçar a esquerda, a direita se tornará vulnerável; e se a direita é reforçada, não haverá muitas tropas na esquerda. Se ele enviar reforços para todos os lugares, todos eles se debilitarão.

A inferioridade numérica é uma conseqüência da necessidade de nos precavermos contra diversos ataques possíveis; já a superioridade numérica, de obrigarmos o inimigo a fazer os mesmos preparativos contra nós.

O uso da inteligência

Assim, se o comandante tem ciência do local e da hora do confronto que se aproxima, fará suas tropas marcharem mil *li* para lutarem no campo de batalha. Caso, no entanto, ele desconheça esses dados, não poderá fazer com que a ala esquerda socorra a direita, ou o contrário; as forças da linha de frente ficarão impossibilitadas de dar assistência à retaguarda, e esta de reforçar aquela. O que dizer se as tropas estiverem separadas por dezenas de *li*, ou então se a tropa mais próxima se encontrar a muitos *li*?

Ainda que eu estime que as tropas de Yue sejam numerosas, quais os benefícios dessa superioridade para a vitória?

Por isso digo que a vitória pode ser criada. Mesmo se o inimigo for numericamente superior, ainda posso inibi-lo de entrar em combate.

Portanto, analise os planos de guerra do inimigo para ter um conhecimento preciso de seus pontos fracos e fortes. Perturbe-o para certificar-se de seus movimentos. Atraia-o para o campo aberto e assim descubra os pontos vulneráveis de sua disposição. Ponha o inimigo à prova e tome conhecimento das capacidades e das deficiências de suas forças.

Em verdade, a excelência na disposição das tropas advém de não permitirmos que se adivinhe a sua forma. Dessa maneira, nem o mais astuto espião conseguirá passar informações, nem o mais sábio estrategista conseguirá elaborar planos contra nós.

Seja flexível

Mesmo quando deixamos claro que a vitória se conquista pelo uso de táticas flexíveis de acordo com situações cambiantes, as pessoas têm dificuldade de compreender esse princípio. É fácil elas entenderem quais as táticas que conduziram à vitória, mas não concebem como foram empregadas na situação específica para derrotar o inimigo. Duas vitórias nunca serão alcançadas da mesma maneira. As táticas mudam numa infinita variedade de combinações possíveis, adequadas às circunstâncias.

O exército tem em comum com a água a maneira de comportar-se: a tendência da água é correr do alto para as terras baixas; a lei da operação militar dita que se deve evitar o lado forte do inimigo e atacar o seu lado fraco. O curso da água é determinado pela geografia do terreno; os soldados adaptam-se à situação do inimigo para alcançarem a vitória.

Portanto, na arte da guerra não existem posturas fixas nem táticas constantes. O comandante que for bem-sucedido ao modificar sua estratégia em conformidade com as características do inimigo deve ser abençoado. Dos cinco elementos, nenhum predomina na natureza; das quatro estações, todas têm início e fim; quanto à duração há dias mais longos e outros mais curtos; e no ciclo lunar, ao esplendor segue o ocaso.

Capítulo Sete

MANOBRAS

Manobra para a vantagem

Normalmente, em tempos de guerra, um general é nomeado comandante pelo monarca. Durante o processo de reunião das tropas e de mobilização do povo para os preparativos de guerra, nada é mais difícil do que a arte da manobra, que nos assegura de antemão posições favoráveis. É árduo tornar reta a via tortuosa e transformar em vantagem a desvantagem. Lançando uma isca para o inimigo, conseguimos desviá-lo e retardá-lo. Desse modo, chegamos com antecedência ao campo de batalha, mesmo que tenhamos saído atrasados. Aquele que consegue fazê-lo conhece a arte da dissimulação.

Riscos e ganhos são inerentes às manobras de busca de posições vantajosas. Se alguém, com este fim, deslocar um exército com todo o seu aparato logístico, não alcançará o objetivo, por ser este deslocamento de natureza morosa. Caso abandone o acampamento e tudo o que for dispensável na disputa por uma posição vantajosa, as bagagens e as provisões serão perdidas.

Segue-se que, no momento em que os soldados vestem suas armaduras e partem rapidamente, não se detendo nem de dia nem de noite, marchando em velocidade dobrada por cem *li* para lutarem por uma vantagem, o comandante de três divisões será capturado. As tropas de maior vigor chegarão primeiro, e as mais débeis serão deixadas para trás. Quando este método é posto em prática, apenas um em cada dez soldados alcança o destino previsto. Numa marcha forçada de cinqüenta *li*, o comandante da divisão de vanguarda tombará, e somente metade do exército chegará ao destino. Numa marcha forçada de trinta *li*, apenas dois terços dos soldados a completarão. Logo, o exército, sem o seu equipamento pesado, estará perdido; sem provisões, não conseguirá sobreviver.

Engane o oponente

Quem desconhece os planos de seus vizinhos não deve formar alianças com eles. Quem desconhece as condições das montanhas e florestas, desfiladeiros perigosos, pântanos e brejos, não deve conduzir a marcha de um exército. Quem não emprega guias locais, fica privado das vantagens da geografia.

Ora, a guerra é baseada no ardil. Deve-se deslocar as tropas quando isso é vantajoso e mudar de tática pela dispersão e concentração de forças. Quando em campanha, seja sutil como o vento; quando em marcha lenta, majestoso como a floresta; no saque e na pilhagem, feroz como o fogo; quando estacado, firme como a montanha. Quando escondido, inescrutável como o que fica atrás das nuvens; quando em movimento, veloz como o trovão. Quando do saque, divida-o entre as tropas. Quando conquistar territórios, defenda os pontos estratégicos.

Pese a situação antes de se pôr em marcha, pois quem conhece os artifícios da dissimulação será vitorioso. Assim é a arte da manobra.

Use a arte da boa administração

Reza *O Livro da Administração Militar*: "Como a voz humana não pode ser ouvida durante a batalha, usam-se gongos e tambores. Como as tropas não conseguem enxergar uma à outra claramente na batalha, usam-se bandeiras e estandartes." Nas peleias noturnas será comum o uso de tambores e gongos; nas diurnas, bandeiras e estandartes. Todos eles são instrumentos para unificar a ação das tropas. Quando a tropa está assim unida, o intrépido não pode avançar sozinho, nem o covarde recuar. Assim é a arte de dirigir grandes contingentes de soldados.

Pode acontecer de um exército perder o seu moral, e o comandante perder a sua capacidade. No início de uma campanha, o moral dos soldados está alto, mas com o tempo ele arrefece, chegando até mesmo a se extinguir completamente. Um comandante experiente, portanto, evita atacar o inimigo quando este se encontra com o moral alto, preferindo atacá-lo quando a sua motivação é pequena. Assim é a arte de avaliar os humores na guerra.

Quando organizado, um bom comandante espera que o seu inimigo se desorganize; quando sereno, espera que o inimigo se destempere. Assim é a arte de manter o sangue frio. Quando próximo do campo de batalha, ele fica à espreita do inimigo que vem de longe; quando descansado, aguarda o inimigo exausto; quando as tropas estão bem alimentadas, ele espera o inimigo faminto. Assim é a arte de poupar as próprias forças.

Deve-se refrear o ímpeto de interceptar as hostes inimigas perfeitamente organizadas. Deve-se desistir de atacar um exército cuja disposição seja impressionante. Assim é a arte de avaliar as circunstâncias.

Logo, na arte de empregar tropas, não confronte o inimigo quando ele ocupa um terreno elevado; e quando a sua retaguarda descansa nas colinas, não faça um ataque frontal. Quando ele finge fugir, não o persiga. Não ataque os soldados mais bravos do inimigo, nem engula uma isca oferecida por ele. Nunca faça oposição a um inimigo que esteja voltando para casa. Nunca o encurrale, nem o pressione quando ele está desesperado. Assim é o método de empregar as tropas.

Capítulo Oito

VARIAÇÃO DE TÁTICAS

As táticas variam de acordo com a situação

Normalmente, em tempos de guerra, o general é nomeado comandante pelo monarca, reúne suas tropas e mobiliza o povo. Quando num terreno de difícil acesso, não monta acampamento. Em terrenos comunicantes, junta forças com seus aliados. Em terrenos perigosos, não permanece. Quando encurralado, recorre a estratagemas. Se acuado, luta até o fim.

Existem estradas que não devem ser tomadas, tropas que não devem ser atacadas, cidades que não devem ser assaltadas, terrenos que não devem ser disputados, e ordens do monarca que não devem ser acatadas.

Portanto, o general que compreende a importância da variação de táticas sabe como empregar suas tropas.

Já o general que não o sabe, é incapaz de tirar vantagem do terreno, mesmo quando familiarizado com ele. Quando emprega suas tropas, o general que não compreende a variação de táticas é incapaz de usá-las de forma efetiva, mesmo se conhecer profundamente as Cinco Vantagens (a influência moral, o clima, o terreno, o comandante e a doutrina).

Pese bem as vantagens e desvantagens

Por esse motivo, o general sábio pesa em suas deliberações os fatores favoráveis e desfavoráveis. Ao levar em conta os favoráveis, ele testa a exeqüibilidade de seu plano; ao pesar os desfavoráveis, evita possíveis desastres.

Para subjugar os governos vizinhos hostis, deve-se atacá-los em seus pontos fracos. Criar situações que mantenham o inimigo ocupado é um artifício para lhe causar transtorno. Oferecer-lhe coisas ostensivamente sedutoras vai excitar a sua imprudência.

Segundo a doutrina da guerra, não devemos nos fiar na disposição do inimigo de atacar ou não, mas sim na nossa decisão de travar combate com ele; também não acreditar na inércia das forças inimigas, mas em providenciar a invencibilidade da nossa posição.

Evite os defeitos da liderança

Existem cinco defeitos graves para um general:

Se é temerário, pode ser assassinado.
Se covarde, pode ser capturado.
Se irascível, pode perder a cabeça numa discussão e fazer papel de bobo.
Se facilmente ferido em sua honra, pode cair numa armadilha por causa de um insulto.
Se de natureza compassiva, pode aborrecer-se e afligir-se.

Esses defeitos são graves num general e podem levar a condução da guerra à ruína. A debacle do exército e a morte do general são os resultados inevitáveis desses cinco defeitos. Deve-se refletir profundamente sobre eles.

Capítulo Nove

EM MARCHA

Ocupe posições naturais favoráveis

Geralmente, quando o exército toma posição e controla a situação do inimigo, deve tomar certas precauções:

Quando atravessar montanhas, é recomendável permanecer perto dos vales; quando acampar, deve escolher o terreno elevado que dê para o lado do sol; quando o inimigo ocupar o terreno elevado, não é prudente subir para atacá-lo. Esse é o procedimento tático nas montanhas.

Depois de cruzar um rio, fique longe dele. Quando um inimigo em marcha o atravessa, não trave combate em suas águas. É melhor atacá-lo quando metade de suas forças já tiverem alcançado chão firme. Se você deseja lançar-se à batalha, procure não travá-la às margens de um rio que o inimigo possa atravessar. Quando acampar em região ribeirinha, busque os locais mais altos em que bata o sol. Não tome posição na retaguarda do inimigo. Tudo isso diz respeito à tomada de posição perto dos rios.

Quando atravessar terreno pantanoso, a sua única preocupação deve ser cruzá-lo o mais rápido possível, sem demora. Se você se defrontar com o inimigo em tal terreno, procure se posicionar em local que tenha relva e água na retaguarda. Isso diz respeito à tomada de posição em terrenos pantanosos.

Nas planícies, busque uma posição que facilite a marcha do grosso da tropa, com os flancos em terreno alto. A vanguarda deve ficar em local mais baixo do que a retaguarda. Essa é a maneira de ocupar um terreno plano.

Em suma, são esses os princípios de deslocamento nas quatro situações citadas. Por saber utilizá-los, o Imperador Amarelo derrotou seus quatro vizinhos soberanos.

Sempre procure os terrenos altos

Em geral, na batalha e nas manobras, todos os exércitos preferem os terrenos altos aos baixos, os lugares ensolarados aos sombrios. Se um exército acampa nas proximidades da água e da relva, tendo à disposição os suprimentos adequados, não padecerá de inumeráveis doenças, o que é um indicativo de vitória. Quando perto de colinas, diques e barragens, tome posição no lado do sol, com o seu flanco principal na retaguarda. Esse posicionamento é vantajoso ao exército e explora todas as possibilidades do terreno.

Quando a chuva é torrencial na nascente do rio e suas águas ficam turbulentas, não o atravesse e espere que elas acalmem. Quando encontrar as "Torrentes Abruptas", as "Nascentes Celestes", as "Prisões Celestes", as "Redes Celestes", as "Armadilhas Celestes" e as "Fendas Celestes", marche rapidamente para longe e mantenha-se delas afastado. Não é por evitá-las que não devemos atrair o inimigo para perto delas. Essas formações naturais traiçoeiras ficarão à nossa frente, mas às costas do inimigo.

Se nas vizinhanças do seu acampamento existirem desfiladeiros ou lagos cobertos de vegetação aquática, juncos ou montanhas cobertas de mato denso e fechado, deve-se ficar alerta e vasculhar o terreno, pois são eles os lugares ideais para as emboscadas e para o refúgio dos espiões.

Faça uma estimativa da situação

Quando o inimigo está próximo, mas permanece à espreita, provavelmente aposta numa posição favorável. Quando ele nos desafia à batalha de longe, incita-nos a avançar; quando se encontra em terreno fácil, está numa posição favorável. Quando as árvores parecem se mover, isso significa que o inimigo avança; quando muitas armadilhas foram depositadas na vegetação rasteira, trata-se de um ardil. A revoada de pássaros é um claro sinal de emboscada. Animais selvagens amedrontados indicam que um ataque nos espera.

A poeira que se eleva em colunas altas e em linha reta indica o movimento de carruagens. Quando a poeira se espalha próxima ao chão, significa a aproximação da infantaria. Quando ela é esparsa em várias áreas, sinaliza que o inimigo saiu à cata de madeira para fazer fogueiras. Quando poucas nuvens de poeira parecem ir e vir, o inimigo está acampado.

Quando os emissários do inimigo falam com palavras humildes, mas o seu exército continua os preparativos, isso quer dizer que ele vai avançar. Quando sua linguagem é dura e suas tropas avançam pretenciosamente, pode significar que ele vai recuar. Quando os carros leves saem a campo e tomam posição nos flancos, é um sinal de que o inimigo está em formação para a batalha. Quando o inimigo não corre perigo, mas busca uma trégua, ele deve estar tramando contra nós. Quando suas tropas marcham velozmente e desfilam com suas formações, o inimigo espera travar uma batalha decisiva numa data marcada. Quando metade de suas forças avança e metade recua, ele está tentando nos confundir.

Quando as tropas do inimigo depõem as armas, é porque estão famintas. Quando os aguateiros bebem a água antes de levá-la ao acampamento, as tropas estão com sede. Quando o inimigo depara com uma vantagem, mas não a aproveita, está fatigado.

Quando os pássaros se reúnem sobre o acampamento do inimigo, ele está vazio. Se à noite os ânimos no campo rival estão exaltados, ele está com medo. Se existe desordem no acampamento, a autoridade do general se encontra enfraquecida.

Se as bandeiras e estandartes mudam constantemente de posição, uma insurreição está em marcha. Se os oficiais estão zangados, as tropas estão exaustas. Quando o inimigo alimenta seus cavalos com grãos e seus homens com carne, e quando guarda as vasilhas de tirar água, ele não demonstra intenção de voltar às suas tendas e está determinado a lutar até a morte.

Quando o general fala num tom suave de forma subserviente aos seus subordinados, ele perdeu o apoio de seus homens. Recompensas muito freqüentes indicam que os recursos do general chegaram ao fim; punições freqüentes indicam que ele está sob grande tensão. Se os oficiais tratam os soldados primeiro com truculência e depois sentem-se amedrontados por eles, isso demonstra uma enorme burrice.

Quando os emissários vêm com palavras elogiosas em seus lábios, isso significa que o inimigo deseja uma trégua.

Quando as tropas inimigas avançam raivosamente em nossa direção, mas, apesar de nos afrontarem, não entram em batalha, nem se retiram, isso é motivo para grande vigilância e para uma minuciosa investigação.

Na guerra, os números por si não conferem vantagem a ninguém. Se o comandante não avança de forma temerária, mas consegue concentrar seu poderio militar nas forças inimigas, tendo apoio total de seus homens, isso é suficiente. O comandante que carece de visão e subestima o seu inimigo vai ser com certeza capturado por ele.

Estimule um relacionamento bom e harmonioso

Se as tropas forem punidas antes de conquistada a sua lealdade, elas serão indisciplinadas. Nesse caso, será difícil utilizá-las. Se as tropas lhe são leais, mas a lei não é cumprida, elas também não podem ser de grande valia. Por esses motivos, os soldados devem ser tratados em primeiro lugar com humanidade, porém mantidos sob disciplina férrea. Dessa maneira, a obediência das tropas será garantida.

Se as ordens se fazem cumprir corretamente e as tropas são rigidamente supervisionadas, elas serão obedientes. Caso as ordens nunca se façam cumprir, as tropas serão desobedientes. Já a implementação suave das leis revela um relacionamento harmonioso entre o comandante e suas tropas.

Capítulo Dez

O TERRENO

Conheça o campo de batalha

O terreno pode ser classificado de acordo com a sua natureza como acessível, traiçoeiro, não-decisivo, constrito, íngreme e distante.

Um terreno que pode ser atravessado com facilidade tanto por nós como pelo inimigo é chamado de acessível. Nesse terreno, o exército que montar acampamento primeiro no lado do sol, e mantiver as suas rotas de abastecimento livres, lutará com vantagem.

Um terreno fácil de se alcançar, mas difícil de sair, é chamado traiçoeiro. Pela sua natureza, se nele surpreendermos o inimigo despreparado e o atacarmos, o derrotaremos. Caso o inimigo esteja nos esperando, e não conseguirmos derrotá-lo, por ser a saída difícil, haverá complicações.

Um terreno igualmente desvantajoso para nós e para o inimigo é chamado não-decisivo. Por causa da natureza do terreno, devemos ser cautelosos mesmo quando o inimigo nos oferece uma isca tentadora. É aconselhável nesse caso não avançar, mas marchar em retirada. Quando, em função de nossas manobras, conseguimos afastar metade de suas tropas para fora do terreno, podemos atacá-lo com vantagem.

No que diz respeito ao terreno constrito, se formos os primeiros a ocupá-lo, devemos bloquear com guarnições as suas estreitas passagens e aguardar o inimigo. Se o inimigo for o primeiro a ocupá-lo, não o ataque caso as passagens em seu poder estiverem bem guarnecidas, apenas no caso de suas guarnições serem fracas.

No tocante ao terreno íngreme, se formos os primeiros a ocupá-lo, devemos tomar posição nos planaltos ensolarados e esperar pelo inimigo. Se for dele a primazia na ocupação, devemos marchar em retirada e não atacá-lo.

Quando o inimigo está localizado a uma grande distância de nosso exército, num terreno de características similares ao nosso, é difícil provocar a batalha e pouco lucrativo incitá-lo a lutar.

Esses são os princípios relativos aos seis tipos diferentes de terreno. É da mais alta importância que o general esteja bem inteirado a respeito deles.

Aos líderes cabe a liderança

Existem seis situações que impõem a derrota a um exército. São elas: fuga, insubordinação, queda, colapso, desorganização e debandada. Nenhuma delas pode ser atribuída a causas naturais ou geográficas, mas sim à falha do general.

Sendo as condições do terreno igualmente favoráveis aos dois lados, no caso de um dos exércitos atacar o outro com uma força dez vezes superior, o resultado será a fuga do fraco.

Caso os soldados sejam fortes, mas os oficiais fracos, haverá insubordinação no exército.

Caso os oficiais sejam valorosos, mas os soldados incompetentes, o exército sofrerá a queda.

Quando o alto oficialato se encoleriza e se insubordina, apressando-se à batalha por sua própria conta e por ressentimentos pessoais, cabe ao comandante-em-chefe alertar para a capacidade do oponente, sob o risco de colapso.

Quando o general é incompetente e sem autoridade, suas forças são mal conduzidas, as relações entre os oficiais e seus homens estão desgastadas e a formação das tropas é desleixada, o resultado é a desorganização.

Quando um general incapaz de avaliar o poderio do inimigo emprega uma pequena força contra uma força maior, ou deixa de escolher tropas de choque para a vanguarda, o resultado é a debandada.

Sempre que despontar uma dessas seis situações, o exército tomará a estrada para a derrota. É da mais alta responsabilidade do general examiná-las cuidadosamente.

Esteja a par da situação e conheça o seu pessoal

A conformação do terreno é de grande valia nas operações militares. Um general sábio deve fazer o julgamento correto da situação do inimigo para criar as condições conducentes à vitória. Deve também calcular as distâncias e o grau de dificuldade que o terreno oferece. O comandante que está ciente de todos esses fatores e sabe como aplicá-los irá com certeza saborear a vitória. Já o comandante que os desconhece e, conseqüentemente, não sabe aplicá-los, fatalmente amargará a derrota.

À luz dessa situação, se os prognósticos indicarem como certa a vitória, o comandante deve decidir pela batalha mesmo que o monarca tenha dado ordens expressas de não atacar.

Caso as chances de vitória na batalha sejam exíguas, o comandante deve optar por não lutar, mesmo que o monarca tenha ordenado o contrário.

Portanto, o general que não cobiça a fama no ataque e não teme cair em desgraça na retirada, visando unicamente proteger o seu povo e promover os melhores interesses de seu soberano, deve ser considerado uma jóia de estado.

Quando o general trata seus homens com desvelo, eles marcharão com ele até o mais profundo dos vales. Se ele os trata como os seus filhos diletos, eles o defenderão até a morte. Se, no entanto, o general é condescendente com seus homens, mas não sabe empregá-los, os protege, mas é incapaz de comandá-los, e não ministra punições quando eles infringem os regulamentos, seus homens se parecerão com crianças mimadas, inúteis para as lides da guerra.

Autoconhecimento e conhecimento do inimigo

Quando as nossas tropas estão preparadas para atacar, mas a real vulnerabilidade do inimigo é desconhecida, nossas chances de vitória são de cinqüenta por cento.

Quando sabemos que o inimigo é vulnerável, mas desconhecemos a situação das nossas tropas, as chances de vitória continuam sendo de cinqüenta por cento.

Quando sabemos que o inimigo é vulnerável e que nossas tropas são capazes de atacá-lo, mas desconhecemos que a geografia do terreno torna a batalha impraticável, nossas chances de vitória ainda serão de cinqüenta por cento.

Portanto, os comandantes experientes nunca se exasperam na condução da guerra e nunca ficam confusos. Eles são a prova da validade do ditado: "Conhece o inimigo e conhece a ti mesmo, e a tua vitória nunca estará ameaçada. Conhece o clima e conhece o solo, e a tua vitória será completa."

Capítulo Onze

OS NOVE TIPOS DE TERRENO

Escolha o terreno da batalha

No que diz respeito ao uso das tropas, o terreno pode ser classificado como dispersivo, fronteiriço, chave, aberto, focal, perigoso, difícil, cercado e crítico.

Quando um chefe tribal luta em seu próprio território, ele está em "terreno dispersivo". Quando penetra de modo superficial em território hostil, você está em "terreno fronteiriço". O território que oferece vantagens iguais tanto para nós como para o inimigo é chamado de "terreno-chave". Já o "terreno aberto" é aquele igualmente acessível aos dois lados do conflito. O terreno contíguo a três outros países é chamado "focal": quem conquistá-lo ganhará o apoio majoritário dos estados vizinhos. Quando um exército invade um território, deixando em seu rastro cidades e povoados inimigos, dizemos que ele está em "terreno perigoso". As florestas montanhosas, os terrenos íngremes, os charcos, pântanos e demais territórios árduos de serem atravessados são os "terrenos difíceis". O território cujo acesso é estreito e de onde só podemos nos retirar por caminhos tortuosos, pondo o exército em risco de ser dizimado por um punhado de soldados inimigos, é chamado "terreno cercado". Por fim, o terreno no qual um exército só escapará do aniquilamento em meio a uma luta desesperada é chamado "terreno crítico".

Não se deve lutar, portanto, em terreno dispersivo, como também não se deve estacionar tropas nas regiões fronteiriças.

Não ataque o inimigo quando este ocupa um terreno-chave; em terreno aberto, não permita que as comunicações sejam bloqueadas.

Em terreno focal, faça alianças com os estados vizinhos; em terreno perigoso, saqueie.

Em terreno difícil, pressione; em terreno cercado, recorra aos estratagemas; e nos terrenos críticos, lute corajosamente.

Façamos o inimigo lutar de acordo com a nossa conveniência

Nas eras passadas, para ser considerado hábil na arte da guerra, precisava-se impossibilitar que o inimigo conseguisse a união das suas vanguarda e retaguarda, ou a cooperação entre as divisões grandes e pequenas, ou a boa convivência entre oficiais e soldados, ou o contato entre os seus escalões superiores e inferiores.

Quando as forças do inimigo se dispersavam, o experiente guerreiro impedia que elas fossem reunidas; quando reunidas, conseguia lançá-las em desordem. Ele avançava quando uma vantagem se avizinhava; quando não, detinha-se.

Se alguém fizer a pergunta, "Como lidar com uma hoste inimiga organizada que está prestes a me atacar?", responderei: "Tome algo que for de grande valor do inimigo. Ele se submeterá às suas vontades."

A essência da guerra é a velocidade. Tire vantagem da falta de preparo do inimigo, planeje os deslocamentos por rotas inesperadas e ataque o rival quando ele estiver desprevenido.

A vitória é a única opção

Os princípios gerais que regem a ação de uma força invasora rezam que, quanto mais ela adentra o território hostil, maior será a camaradagem entre os seus soldados; dessa maneira, o inimigo não consegue sobrepujá-la.

Saqueie as terras férteis para abastecer o exército com abundantes provisões e preste atenção ao bem-estar dos soldados, sem fatigá-los. Tente mantê-los motivados e conserve a sua energia. Crie planos inescrutáveis para o movimento das tropas.

Coloque os seus homens numa posição em que não haja saída, em que eles prefiram morrer a desertar. Se estão preparados para morrer, como deixarão de usar a sua força máxima na luta? Numa situação desesperadora, não temerão a nada; quando encurralados, resistirão com firmeza. No coração do território inimigo, serão inseparáveis; se não houver outra escolha, lutarão arduamente.

Portanto, mesmo sem a determinação dos superiores, os soldados ficarão vigilantes; na ausência de um pedido, farão a vontade do comandante; em plena liberdade, serão fiéis; sem a necessidade de ordens, serão de confiança.

Proíba as superstições e iniba os rumores. Então, nenhum homem fugirá, mesmo quando em face da morte. Nossos soldados não possuem um excesso de bens, mas isso não se deve a desdenharem as riquezas; não esperam ter uma vida longa, mas não por desprezarem a velhice.

No dia em que forem enviados para a batalha, os seus soldados talvez chorarão — os que estiverem de pé, molharão as fardas; os que se encontrarem deitados, deixarão rolar as lágrimas pelo rosto. Basta colocá-los, porém, numa situação em que a fuga seja impossível, que eles demonstrarão a coragem imortal de Zhuan Zhu e de Cao Kuei.

As tropas comandadas por um general experiente são comparáveis a Shuai Ran, a serpente encontrada no Monte Heng. Tente golpeá-la na cabeça, que ela atacará com a cauda; tente golpeá-la na cauda, que o ataque virá com a cabeça; golpeie o seu corpo, e ela revidará com as duas extremidades. Se alguém duvidar que as tropas possam ter a capacidade de coordenação instantânea de Shuai Ran, eu sustentarei que isso é possível. Mesmo inimigos como os homens de Wu e de Yue, se forem apanhados por uma tempestade enquanto cruzam o rio na mesma embarcação, prestarão assistência mútua, assim como a mão esquerda ajuda a mão direita.

Portanto, não se faz a guerra com gestos isolados. A disciplina militar reza que a coragem deve estar presente em todas as ações do exército. O princípio da ocupação do terreno dita que se deve explorar do melhor modo possível tanto os terrenos altos como os baixos.

Um exímio general comanda seu exército como se conduzisse com mão férrea um único homem.

É da natureza do general a serenidade, o que é uma garantia de que suas decisões serão profundas, além da imparcialidade e justiça, condições necessárias para a boa administração das tropas.

O general deve ser capaz de iludir seus próprios homens com relatórios e pistas falsas, mantendo-os ignorantes de suas intenções. Ele reagrupa as formações e altera seus planos para que terceiros não possam desvendar suas estratégias, da mesma maneira que muda a localização dos acampamentos e toma rotas tortuosas em suas marchas para que não consigam adivinhar os seus objetivos.

Na batalha decisiva, comunica de antemão a seus homens a data da realização do confronto, porém sonega a informação sobre o dia do retorno, como se tirasse a escada de quem acabasse de chegar ao alto de uma torre — o que mantém os soldados inteiramente voltados para o confronto, sem distrações. A energia de suas tropas, contida enquanto avança em território hostil, é liberada na batalha. Na condução dos seus homens, age como o pastor com o rebanho de ovelhas, ora movendo-o para um lado, ora para o outro, deixando a todos na ignorância sobre a direção a ser tomada. Saber reunir as hostes de seu exército e prepará-las para o perigo — eis a real função de um general.

Aprenda os macetes da vitória

O general deve estudar atentamente os seguintes tópicos da arte da guerra: as diferentes medidas a serem tomadas em cada um dos nove tipos de terreno; os artifícios de avanço e retirada de acordo com a situação específica; e as leis fundamentais do comportamento humano.

Em geral, quanto mais as tropas avançam em território inimigo, mais elas se mantêm unidas; já quando se movimentam na periferia do território hostil, a tendência é a dispersão.

Quando o comandante deixa seu país para trás e conduz seu exército pelas terras vizinhas, se encontra num terreno difícil.

Quando o terreno é comunicante nas quatro direções, diz-se que ele é focal.

Quando as tropas invadem um território, elas estão em terreno perigoso.

Quando o exército se mantém na periferia do território, trata-se de terreno fronteiriço.

Quando a força inimiga está no encalço das tropas, sendo que à frente existem apenas passagens estreitas, trata-se de terreno cercado.

Quando não há para onde escapar, o terreno é crítico.

Para cada terreno existe uma estratégia. No terreno de tipo dispersivo, eu motivaria os soldados em torno de um único objetivo; em terreno fronteiriço, os manteria firmemente unidos; já em terreno-chave, apressaria a marcha da retaguarda. Eu prestaria muita atenção à defesa em terreno aberto, enquanto consolidaria as minhas alianças em terreno focal. Em terreno perigoso, asseguraria o abastecimento das tropas; em terreno difícil, marcharia rapidamente; em terreno cercado, bloquearia todos os acessos; por fim, em terreno crítico, deixaria claro aos meus homens que não há chances de sobrevivência, pois é da natureza do soldado resistir quando está cercado, lutar bravamente quando não há outras alternativas e obedecer cegamente às ordens superiores quando em perigo iminente.

Quem desconhece os planos de seus vizinhos não deve formar alianças com eles. Quem desconhece as condições das montanhas e florestas, desfiladeiros perigosos, pântanos e brejos, não deve conduzir a marcha de um exército. Quem não emprega guias locais, fica privado das vantagens da geografia.

Uma armada não merece o título de Exército Invencível do Rei Hegemônico se o comandante não sabe ao menos distinguir os nove tipos de terreno. Mesmo quando ataca um estado poderoso, o exército invencível torna impossível para seu inimigo agrupar as próprias forças; seu poderio é capaz de intimidá-lo, além de inibir os aliados de a ele se juntarem. A conclusão é que um comandante não necessita formar alianças com terceiros, nem encorajar o crescimento do poderio dos outros estados para sobrepujar o inimigo; basta que se dedique a perseguir os desígnios de sua própria estratégia. Isso é suficiente para que seja capaz de tomar as cidades inimigas e derrubar o seu regime.

Conceda prêmios a seus soldados independentemente das práticas de rotina e não hesite em dar ordens mesmo quando forem contrárias ao regulamento. Esta estratégia basta para se comandar um exército inteiro como se ele fosse composto de um homem só.

Não revele seus planos para as tropas no momento em que designa o que elas devem fazer; caso a missão seja perigosa, mantenha em segredo as suas facilidades; atire os soldados a uma situação de perigo e eles a enfrentarão; coloque-os em terreno crítico e eles sobreviverão. Quando um exército depara com tais situações, transforma as dificuldades em êxito.

A chave para as operações militares está em estudar minuciosamente os planos do inimigo. Concentre todas as suas forças contra ele e será capaz de matar o general oponente mesmo se a mil *li* de distância. Tal é a arte de alcançar os objetivos de forma engenhosa.

Portanto, no dia em que declarar guerra, feche as fronteiras dos territórios, destrua todos os arquivos oficiais e proíba o acesso dos emissários estrangeiros. Escrutine o seu plano junto ao conselho do templo e tome as medidas finais para entrar em guerra.

Se o inimigo esquece uma janela aberta, lance-se por ela. Apodere-se dos locais por ele considerados preciosos e mantenha em segredo as datas das manobras. Seja flexível e decida qual a linha de ação a tomar de acordo com a situação.

Num primeiro momento, comporte-se como uma tímida donzela quando o inimigo lhe oferece uma brecha, para a seguir agir rápido como uma lebre. Quando o inimigo quiser lhe fazer oposição, será tarde demais.

Capítulo Doze

O ATAQUE COM FOGO

Ataque de forma abrupta e agressiva

Existem cinco métodos de ataque com fogo. O primeiro é incendiar soldados; o segundo, atear fogo em provisões e estoques; o terceiro, pôr fogo em transportes de carga; o quarto, queimar os arsenais e silos; e o quinto, incendiar as linhas de transporte.

Nessa arte, devemos saber utilizar os seus instrumentos. Os materiais para atear fogo devem estar sempre à mão. Existem épocas propícias para esse tipo de ataque, quando o clima está seco, assim como existem dias ideais para o início das conflagrações, quando a lua se encontra nas constelações de Sagitário, Alpharatz, *I* ou *Chen*, pois é provável que nessas datas ocorram ventos fortes durante todo o dia.

Porém, quando se ataca com fogo, deve-se agir de acordo com as cinco situações a seguir: caso o fogo irrompa no campo inimigo, coordene imediatamente a ação de fora para dentro; se o fogo eclode no campo do inimigo, mas os seus soldados se mantêm calmos, não o ataque e espere a melhor oportunidade. Quando as chamas estão altas, pondere se é viável atacar. Se não for, permaneça imóvel. Na possibilidade de atear fogo nos arredores do campo inimigo, não é necessário ateá-lo no interior do campo. Ataque com fogo apenas quando o momento é propício. Se o fogo for ateado contra o vento, não lance um ataque a seu favor. Quando o vento se mantém forte durante o dia, provavelmente vai serenar à noite.

Pois bem, o exército deve estar a par dessas cinco situações de ataque e esperar pela situação favorável.

Quem utilizar o fogo como uma força auxiliar em seus ataques, colherá resultados sensíveis; quem usar do expediente das inundações, vai tornar seu ataque mais poderoso. A água tem o poder de imobilizar e isolar o inimigo, mas não o de despojá-lo de seus suprimentos e equipamentos.

Consolide seus ganhos

De nada adianta vencer batalhas e tomar cidades se o exército fracassar em consolidar essas conquistas. Isso não passa de um desperdício de tempo e de recursos, além de ser vergonhoso. Por esse motivo, o líder lúcido deve deliberar os planos de batalha, e seus generais devem executá-los à risca.

Seja comedido

Caso não for do interesse do estado, não aja. Se você não está seguro do sucesso de uma empreitada, não envie tropas. Caso não esteja em perigo, não trave batalha.

Um soberano não deve declarar a guerra por estar enraivecido, nem o general lutá-la por estar ressentido. Entre em ação caso a guerra seja vantajosa; caso não for, permaneça onde está. Um homem raivoso pode se acalmar. Do mesmo modo, os ânimos do ressentido podem ser apaziguados. Contudo, um país, quando perece, não pode ser ressuscitado, nem um morto trazido de volta à vida.

Portanto, no que diz respeito aos assuntos de guerra, o soberano iluminado é prudente; o bom general, precavido. Com esses homens na liderança, o país é mantido em segurança e o exército de forma intacta.

Capítulo Treze

O EMPREGO DE AGENTES SECRETOS

Disponha do orçamento adequado

Em geral, quando um exército de cem mil homens é arregimentado e enviado para uma guerra distante, as despesas que pesam sobre o povo e sobre os cofres públicos chegam a mil moedas de ouro por dia. Haverá contínua comoção tanto na pátria como no estrangeiro, e as pessoas ficarão assoberbadas com os serviços de escolta e exauridas com os serviços de transporte. Além disso, setecentas mil famílias conhecerão a ruína ao se verem impedidas de trabalhar no campo.

Exércitos rivais se confrontam anos a fio para enfim decidirem a sorte numa batalha decisiva; portanto, aquele que desconhece a situação do inimigo, mas não quer gastar algumas centenas de moedas de ouro em honrarias e mordomias com espiões, é completamente destituído de humanidade. Tal homem não pode liderar as tropas, nem ser um assistente capaz do monarca, muito menos um mestre vitorioso.

Estabeleça um sistema ativo de inteligência

Pois bem, a razão pela qual o lúcido monarca e o sábio general conseguem dominar o inimigo, seja qual for a sua manobra, e conquistem vitórias acima da média do homem comum é porque têm acesso a informações privilegiadas. Essa "presciência" não pode ser conseguida por meio dos espíritos, nem dos deuses, nem por analogia com fatos passados, nem por cálculos dedutivos. Ela deve ser obtida por intermédio de homens que conhecem a situação do inimigo.

Existem cinco tipos de espiões: o nativo, o interno, o duplo, o condenado e o sobrevivente.

Quando um estado conta com os serviços dos cinco, será divinamente intrincado desvendar a sua teia de informações, que se constitui num tesouro a ser guardado a sete chaves.

O espião nativo é natural do país do inimigo.
O espião interno é um oficial do inimigo a nosso serviço.
O espião duplo é aquele agente do serviço secreto do inimigo que trabalha para nós.
O espião condenado é o agente a nosso serviço que recebe deliberadamente informações falsas com o fim de passá-las ao inimigo.
O espião sobrevivente é aquele que consegue retornar do campo inimigo trazendo informações.

Portanto, ninguém no círculo do comandante é a ele mais próximo do que os espiões; nenhuma recompensa é mais generosa do que a dada ao espião; de todos os assuntos de estado, nenhum é mais confidencial do que os das operações de espionagem.

Quem não for sagaz não deve empregar um espião, assim como também não o deve quem for desumano e mesquinho. Já quem não possuir um espírito arguto e sutil não consegue captar a verdade nas entrelinhas do que é dito pelos espiões. Quão delicado é este assunto!

Não existe lugar em que a espionagem não seja possível. Se os planos concernentes à espionagem forem divulgados prematuramente, o espião e todos os demais envolvidos na operação devem ser sentenciados à morte.

Normalmente, seja um exército que pretendemos atacar, uma cidade que ambicionamos tomar, ou pessoas que devemos assassinar, se faz necessário descobrir o nome do comandante da guarnição, dos auxiliares de campo, dos porteiros, dos guardiães dos portões e dos guarda-costas. Os espiões devem ser instruídos a apurar esses dados em detalhes minuciosos.

É essencial desmascarar os espiões que trabalham contra nós e suborná-los para que passem para o nosso lado. Cortesmente, exorte-os a colaborar conosco, dê-lhes as instruções necessárias e mande-os de volta para casa. É desse modo que espiões duplos são recrutados e usados. É por meio das informações trazidas pelos espiões duplos que tanto o espião nativo quanto o interno podem ser cooptados. Por sua vez, é graças às informações desses dois espias que o espião condenado, armado de dados falsos, dirige-se ao inimigo. Enfim, é por intermédio dessas informações que os espiões sobreviventes, de acordo com o plano traçado, conseguem retornar do círculo inimigo e nos passar as informações. O soberano deve estar a par das atividades de todos os cinco tipos de espiões. Para obter esse conhecimento, ele depende dos espiões duplos. Logo, é essencial tratá-los com a máxima generosidade.

No passado, a ascensão da dinastia Shang se deu a Yi Zhi, que antes servira os Xia. Do mesmo modo, a ascensão da dinastia Zhou aconteceu graças a Lu Ya, que servira os Yin. Portanto, somente o soberano iluminado e o general sábio, capazes de empregar as pessoas mais brilhantes como espiões, conseguem alcançar grandes resultados. A espionagem é essencial na guerra. É nela que o exército se baseia para planejar todas as suas manobras.

Traduzido para o inglês por Pan Jiabin e Liu Ruixiang
República Popular da China

LIVRO II
A Arte do Sucesso

PREFÁCIO AO LIVRO II

Neste segmento do livro, isolamos conceitos-chave para o sucesso em *A Arte da Guerra* e discutimos cada um deles detalhadamente. O intuito da discussão é possibilitar o emprego bem-sucedido da sabedoria fundamental de Sun Tzu. A análise dos conselhos do autor chinês foi organizada de maneira a que o leitor possa aplicá-la facilmente em sua vida cotidiana.

Parte 1. *Características Pessoais para o Sucesso*. Esta seção se concentra na aplicação de *A Arte da Guerra* para a avaliação das qualidades e dos defeitos pessoais.

Parte 2. *Estratégias para o Sucesso*. Aqui exploramos os conselhos do mestre chinês para se encontrar os caminhos do sucesso.

Parte 3. *Táticas para o Sucesso.* Nesta parte, fazemos a transição da sabedoria clássica para as estratégias modernas, de modo a sermos bem-sucedidos em nossos planos de ação.

Parte 4. *O Sucesso em Situações de Competição.* Aqui são discutidas as maneiras de ser bem-sucedido nas "batalhas" da vida cotidiana.

Parte 5. *Exemplos de Sucesso Pessoal*. Depoimentos de personalidades que aplicaram na própria vida os princípios de *A Arte da Guerra*.

PARTE UM
As Características Pessoais para o Sucesso

Introdução

QUEM SOU EU?

A pergunta "Quem sou eu?" é o fundamento da sempre instigante jornada para o sucesso. A leitura de *A Arte da Guerra* indica parâmetros para o curto e o longo prazo nesta demanda. Sun Tzu salientou a necessidade da busca do conhecimento como o pilar de um plano de vida. Aplicando seus conselhos e princípios à prática, Sun Tzu prescreveu condutas específicas ao leitor a serem aprendidas, praticadas e integradas à vida cotidiana.

A filosofia do mestre oriental se fundamenta em princípios perenes que não podem ser fabricados, nem facilmente deturpados. Ela começa com o questionamento e a descoberta de quem somos. Para atingir o âmago do pensamento de Sun Tzu, o leitor deve possuir uma sólida base pessoal. Por essa razão, a primeira parte do Livro II gira em torno das características "do eu" que fundamentam o sucesso.

Como mestre da moral, Sun Tzu exigia do estudante firmeza de caráter. O nosso desafio no mundo de hoje é alicerçar a nossa personalidade com uma sólida base. Das profundezas do nosso interior, devemos evitar com todas as forças a posição do piloto automático, cujo bordão é o "faça as coisas pela metade". Em vez disso, devemos substituí-lo pelo "faça a coisa certa" — faça-a da maneira certa pelas razões corretas.

CONHEÇA A SI MESMO

Conheça o inimigo e conheça a si mesmo. Você vai poder travar cem batalhas e sair vitorioso em todas elas.

Se você desconhece tanto o inimigo quanto a si mesmo, você certamente vai perder.

— *Sun Tzu*

Um famoso personagem de um desenho animado, o gambá Pogo, disse certa vez ao seu amigo, o jacaré Albert:

Encontramos o inimigo: somos nós mesmos.

Ele deve ter lido *A Arte da Guerra*.

Quantas vezes não fizemos o comentário de que tal pessoa era a pior inimiga de si mesma? Entretanto, é complicado ter essa percepção quando nos encontramos numa situação em que agimos como inimigo de nós mesmos. Por isso, uma autopercepção exata é a chave de ouro para se atingir o sucesso.

Ninguém pode dizer com exatidão quem você é realmente, mas pode ajudá-lo nessa busca. O problema não se restringe à sua percepção de si mesmo, mas à confiança em tal percepção. Quanto melhor você enxergar as suas forças e fraquezas, melhor você se sairá em seus atos.

Na verdade, existem três pessoas em nós mesmos:

Quem nós pensamos que somos;
Quem os outros pensam que somos;
Quem nós realmente somos.

Fica claro que a última delas é a mais importante das três. A busca da identidade real pode ser o trabalho de uma vida inteira.

Identifique a sua personalidade

A nossa capacidade em identificar corretamente características pessoais é evidenciada na aplicação de um famoso teste de personalidade, o *Indicador de Tipologia Myers-Briggs*. Antes de os participantes preencherem um questionário, é feito o pedido que marquem algumas características pessoais sob quatro categorias. Depois de preenchido o questionário, automaticamente são reveladas as suas preferências e o seu tipo de personalidade. O resultado final é quase sempre muito aproximado entre aquelas preferências marcadas previamente e as medidas pelo teste. Quando diferem, os administradores do teste nos advertem de que *eles* nos conhecem melhor do que nós a nós mesmos.

Entre aqueles em que os resultados mais diferem estão as pessoas de tipo "racional" e "sentimental".

Os "racionais" tendem a basear suas decisões na lógica. Seu interesse recai em analisar dados factuais que dizem respeito à situação específica.

Já os "sentimentais" tomam decisões baseadas em valores pessoais e nas emoções. Os "sentimentais" não se preocupam tanto com dados concretos, mas sim em como a sua decisão afetará os outros.

Apesar de tentarmos equilibrar a emoção e a lógica em nossas decisões, temos a tendência a puxar para um lado ou para o outro nessas situações. De forma geral, a maneira como tomamos uma decisão é a maneira que utilizamos para convencer os outros.

É recomendável na arte da persuasão que utilizemos os argumentos e preferências da pessoa a ser convencida, não os nossos próprios. Antes de saber quais são esses argumentos e preferências, precisamos identificar quais são os nossos.

Existe um jeito de identificar as nossas preferências pessoais. Ele é obtido a partir da reflexão sobre as pessoas com quem nos relacionamos de maneira fácil e agradável. De modo geral, essas pessoas comungam nas preferências pessoais conosco, além de chegarem a conclusões bastante parecidas às nossas. Olhar para os amigos íntimos é um modo de enxergar uma imagem refletida de nós mesmos.

Quanto mais profundo for o conhecimento sobre si mesmo, das suas preferências e de suas atitudes, mais o sujeito vai ser apto a conhecer os outros. O conhecimento pessoal gera o conhecimento universal da dinâmica do ser humano.

Quando eu era um gerente em início de carreira, fiz uma visita a uma organização que aplicava esses testes de personalidade. Fui entrevistado e recebi um relatório oral e escrito a respeito das minhas qualificações. Na ocasião, não botei muita fé nas observações feitas, nem compreendi a maior parte delas. Passados alguns anos, vi as minhas ações se espelharem no que havia sido diagnosticado no relatório escrito, o que fez com que eu desenvolvesse uma maior confiança em minhas qualidades. Esse tipo de relatório possui três benefícios:

1. Você passará a conhecer a si mesmo de forma rápida, sem precisar esperar que a passagem do tempo revele a sua verdadeira identidade.
2. Você conseguirá ver com mais clareza "para onde a bússola aponta" em sua vida.
3. Nas entrevistas de emprego, você poderá contar a respeito dessa experiência. Os entrevistadores certamente ficarão bem impressionados com a sua disposição de aprender mais a respeito de si mesmo.

Nos círculos de administração contemporâneos, a idéia de autoanálise ganhou força entre os empregadores para o desenvolvimento de pessoal. Até uns tempos atrás, o relatório anual de desempenho era o meio para se obter esse autoconhecimento. Nos dias de hoje, o desempenho é avaliado de forma global, contando com o retorno de opiniões de colegas, subordinados e chefes. Somos assim informados sobre a percepção dos outros a nosso respeito e do que precisamos fazer para nos aperfeiçoar e atingir objetivos.

Dê um salto para o nível superior

Abaixo apresentamos um sumário do que você precisa para iniciar a jornada rumo ao autoconhecimento e a um nível superior de excelência pessoal:

- *Torne claros os seus valores*. Do âmago de suas crenças, quais são os valores que motivam você? O que influenciou os seus sucessos e o que o levou a ter fracassos? Quais são as suas prioridades? Toda decisão que você toma revela algo a seu respeito. Uma forma poderosa de desentranhar a resposta para a pergunta "Quem sou eu?" é buscar os elos comuns entre as suas condutas. Coloque num papel o que você descobriu a respeito de si mesmo.

Com apenas 26 anos, Benjamin Franklin elaborou a sua própria lista de valores pessoais:

- *Demonstre interesse*. Os valores fundamentais que forjam a sua personalidade mudam muito pouco durante a sua vida. Demonstrar aos outros que você é uma pessoa interessada molda a sua identidade e determina o seu futuro.
- *Aceite a ajuda das outras pessoas*. É a assistência dos outros que nos motiva a determinar a nossa verdadeira identidade. É mais fácil responder à pergunta "Quem sou eu?" quando contamos com pessoas que servem de "enquete" para os nossos propósitos.
- *Pense positivo*. Todos possuímos defeitos que devem ser reconhecidos e combatidos. Seja humilde, mas não a ponto de tornar-se pouco ambicioso em seus objetivos. Atingimos o sucesso quando conseguimos nos concentrar e tirar vantagem de nossas qualidades intrínsecas. Quem atua de acordo com as suas forças, sai vencedor.

Uma experiência realizada alguns anos atrás nos Laboratórios Hawthorne demonstrou os efeitos benéficos da psicologia positiva. Resumindo, o "Efeito Hawthorne" diz que as pessoas que pensam de forma positiva se motivam a fazer o melhor. Quanto mais fortemente você acredita que a situação vai ficar bem, maiores as chances de você se motivar a alcançar a excelência. De outro lado, quanto mais você acha que as coisas vão mal, menor a sua motivação para melhorar.

Planeje o crescimento pessoal

Dependendo do ponto de vista, tudo na face da terra pode ser encarado como uma fonte para o sucesso ou para o fracasso. Quando você está motivado e disposto a aprender coisas novas, você cresce pessoalmente. Depende de você mesmo melhorar ou piorar, se desenvolver ou definhar. Quando você acha que tem as respostas para todas as coisas, encontra-se no caminho para o fracasso.

Em sua clássica obra *Como Fazer Amigos e Influenciar Pessoas*, Dale Carnegie escreveu:

Vale mais a pena melhorar a si mesmo do que tentar melhorar os outros.

O filósofo da China antiga Lao Tsé revela uma importante verdade quando afirma:

Quem conhece os outros é um sábio.
Quem conhece a si mesmo é um iluminado.

A cada edição dos Jogos Olímpicos de Inverno, testemunhamos atletas do esqui ensaiando mentalmente, no alto da montanha, as manobras que os conduzirão à vitória — sem erros ou deslizes. Esse ensaio não é uma auto-ilusão: os atletas estão apenas acreditando em suas habilidades e em todo o treinamento que realizaram.

Cresça com as relações pessoais

As relações que travamos são uma das maiores fontes de crescimento pessoal, sejam elas com o chefe, com os colegas, com a esposa, o marido ou a família. Elas espelham de maneira fidedigna as nossas qualidades e fraquezas, assim como os nossos valores e ambições. Todos desejamos nos relacionar com pessoas com interesses e valores parecidos aos nossos, assim como desejamos que nos relacionamentos as qualidades que possuímos reflitam positivamente a nossa pessoa.

Compartilhar com os outros as nossas opiniões e os nossos sentimentos de forma franca gera uma relação de proximidade com as pessoas. Quando expressamos emoções sinceras, criamos um ambiente de intimidade e camaradagem. Conquistamos algo ainda mais importante: fazemos com que os outros se interessem pelo nosso desenvolvimento pessoal. "Abrir-se" e dividir experiências constrói um sentimento de proximidade com as outras pessoas e, a longo prazo, desenvolve a intimidade com nós mesmos.

Desenvolva um interesse sincero pelos outros. Se você precisa fazer um grande esforço para ter um interesse genuíno pelo próximo, não se preocupe, porém nunca deixe de "obedecer ao seu primeiro impulso" quando a chance aparece e ajude os outros. Talvez você conheça muitas pessoas, mas não a totalidade de suas preocupações. Quando alguém busca a sua ajuda (seja ela por meio de um pedido, seja "captada no ar"), eis a oportunidade.

O que torna a situação desafiadora é que quase nunca as pessoas precisam de ajuda quando estamos dispostos a oferecê-la, assim como nem sempre é muito cômodo ajudar, pois via de regra temos que abdicar de algo para socorrer os outros. Nosso conceito de "ajuda" deve ter como complemento "a uma pessoa de cada vez". É inviável ajudar todos os nossos conhecidos simultaneamente, mas, quando a necessidade aparece, é perfeitamente viável ajudar um indivíduo específico.

Fomente um intercâmbio de idéias. Muitos de nós têm facilidade em trocar idéias e emitir pontos de vista numa conversa, em entrevistas ou na resposta a uma pergunta. Para identificar as pessoas com quem podemos ter interesses comuns, devemos estar sempre alertas. As afinidades pessoais geram atração mútua, o que é muito importante quando almejamos algo: devemos buscar a companhia de pessoas com os mesmos valores que a gente, pois é dessa maneira que as equipes motivadas e comprometidas com um objetivo são montadas.

Na busca do sucesso pessoal, você vai se obrigar a tomar decisões. Nem sempre elas serão as melhores, mas as boas amizades vão ajudá-lo a superar as dificuldades durante a sua trajetória para o êxito.

Resumo

Seja você mesmo.
Busque a clareza — conheça a si mesmo.
O autoconhecimento é a base do sucesso.

INTEGRIDADE MORAL

No comandante, devem sobressair as qualidades morais. Deve ele cumprir rigidamente as leis e os regulamentos. Está, enfim, em seu poder ditar o sucesso do seu exército.

— *Sun Tzu*

A capacidade expressa por Sun Tzu do general chefiar um exército está na força da influência moral. A integridade moral é uma característica das lideranças bem-sucedidas.

Desenvolva o senso de integridade moral

Quando enunciava os fatores-chave para vencer a guerra contra o terrorismo, o ex-primeiro-ministro de Israel Benjamin Netanyahu enfatizou a importância da "clareza moral" nessa luta. Explicando de modo simples, clareza moral significa distinguir o que é certo do que é errado.

Nos Estados Unidos, testemunhamos os líderes da nação fazerem um apelo para que a moral americana assumisse uma posição contrária ao terrorismo. Eles explicitaram que não existe desculpas para a prática terrorista. É um pressuposto que os dois lados de um conflito julgam estar com a razão. Ao fazerem esse julgamento, as lideranças estão apenas seguindo o conselho de Sun Tzu de exercerem a influência moral para dirigir os seus povos, que devem acatar os objetivos dos líderes.

Netanyahu enunciou os seguintes imperativos morais para alcançar a vitória:

- A vitória militar não está assegurada até que se tenha assegurado a vitória política.
- A vitória política não pode ser assegurada a não ser com um trabalho de relações públicas.
- A vitória por relações públicas não pode ser consolidada até que exista um senso de justiça.

A chave do argumento de Netanyahu para justificar a posição de Israel se baseia no senso de justiça. Certa vez, durante um jantar com o primeiro-ministro da Espanha, este questionou a legitimidade do estado de Israel, já que o seu território antes pertencia a outro povo. A dúvida do primeiro-ministro era se, dentro desse contexto histórico, o estado de Israel tinha o direito de existir ou não.

Sem titubear, Netanyahu perguntou ao colega espanhol: "Por que, então, a Espanha tem o direito de existir?" Surpreso, o primeiro-ministro espanhol pediu que o israelense repetisse a pergunta. Logo, Netanyahu lembrou que a Espanha fora dominada durante séculos pelos mouros, com exceção de um minúsculo torrão ao norte, que serviu de base na península ibérica para que, durante décadas, a Espanha tentasse reconquistar seu território, até conseguir expulsar os mouros.

Nunca alguém questionou o direito dos espanhóis sobre a sua terra natal, pois os espanhóis nunca abdicaram desse direito. Netanyahu perguntou por que motivo a situação seria diferente agora com Israel, que faz juz à terra a uma época que remonta ao Antigo Testamento e de cuja demanda nenhum judeu ou israelense jamais desistiu.

Você pode concordar ou não com o raciocínio de Netanyahu, mas deve imaginar qual não foi o seu efeito sobre o primeiro-ministro espanhol! Obviamente, a sua lógica insufla o povo de Israel com um ardor que o motiva a apoiar a posição israelense na Terra Santa. Deve-se observar que o argumento do estado de Israel não está baseado em poder, armas ou em sentimentalismo, mas sim na lógica fundada na moral.

No outro lado da moeda, ao longo da História, alguns dos maiores males perpetrados pelo homem advieram do senso moral de um direito reivindicado. Os líderes ganham o apoio de seus povos tendo como justificativa uma suposta supremacia moral — quase sempre à custa da perda da integridade.

Direcione o Poder da Integridade

Em nossas relações, a palavra que melhor sintetiza "influência moral" é a integridade, quando definida como a obediência a um código de conduta. A integridade pode vir da obediência a uma multiplicidade de códigos — artísticos, legais, morais. Em nossa cultura, as pessoas que "não têm integridade" são normalmente percebidas como aquelas que não fazem parte de um código moral. É a falta de integridade que destrói a "influência moral".

A integridade é o alicerce da reputação pessoal, que por sua vez é baseada na percepção do nosso comportamento pelos outros. Com esse suporte, temos a solidez necessária para construir a nossa reputação e para executar um plano de sucesso. Para fortalecer a sua posição em determinada questão, valha-se do poder da integridade moral.

- *A integridade sem o conhecimento é fraca e sem valor. O conhecimento sem integridade é repugnante e perigoso.*

  — *Samuel Johnson*

- *Um pouco de integridade vale mais do que uma carreira.*

  — *Ralph Waldo Emerson*

Moralidade e integridade nos motivam a dar o máximo de nós mesmos, assim como influenciam as nossas relações interpessoais de maneira tanto explícita como sutil. Com freqüência, é das sutilezas da moralidade e da integridade que nos falta o conhecimento, apesar de serem elas as responsáveis por uma parte considerável do sucesso e das interações com o meio. Dependendo da influência moral, os frutos de um relacionamento poderão ser bons ou maus. Quando são maus, ocorrem percalços, como ilustra o exemplo:

Recentemente, o time de futebol do Notre Dame perdeu o seu treinador por ter "pisado na bola" na questão da integridade. Quando seu nome fora cogitado, vindo da direção do time do Georgia Tech, os dirigentes sabiam que estavam escolhendo um sujeito controvertido, pois estivera envolvido, apenas um ano antes, num escândalo de abuso de um jogador, quando quatro outros atletas espancaram este colega por ter errado uma jogada de bloqueio. Na entrevista com o treinador, os dirigentes do Notre Dame foram bastante duros a respeito do incidente. Por fim, terminaram bem impressionados com o profissional e publicamente o elogiaram por sua integridade, dando a ele o cargo na equipe.

No entanto, cinco dias depois, o novo treinador teve de renunciar por causa de uma série de mentiras que vinham na esteira da sua carreira. Nenhuma delas era realmente grave (afinal de contas, pensa-se, o que importa é que o treinador ganhe jogos, e se faz vista grossa para o resto), mas acontece que o treinador tinha declarado possuir um mestrado que claramente nunca havia cursado. O "diploma", parece, estava no seu currículo havia anos. O departamento de atletismo do Notre Dame emitiu a seguinte declaração a respeito da demissão: "Nós compreendemos que esse tipo de erro é próprio do ser humano; no entanto, ele representa uma quebra de confiança que torna impossível o prosseguimento da nossa relação profissional." Quando da rescisão de contrato, o treinador foi lacônico: "A integridade e a credibilidade do time do Notre Dame são impecáveis e, sabendo disso, eu renuncio à minha posição como treinador da equipe."

A história, como dá para ver, terminou mal para os dois lados. Essa mentira no currículo provavelmente não foi o que levou o treinador a ser contratado, mas custou o seu emprego.

Você acha essa história dramática demais? Pois bem, as conseqüências foram, mas a situação em si não foge do comum. Numa ocasião em que um consultor de empregos checou o meu currículo, perguntei a ele se as mentiras a respeito de diplomas eram muito freqüentes, ao que o consultor respondeu: "Na minha experiência, a proporção de currículos mentirosos é de um para dez."

Na construção do sucesso pessoal, a integridade é o alicerce. Apesar da integridade por si só não ser uma garantia de sucesso, a sua falta é a raiz do fracasso. Todos nós conhecemos histórias de pessoas bem-sucedidas que, tal como o treinador de futebol, pagaram um preço alto por sua falta de integridade. Alicerçar nela o sucesso pessoal é uma garantia de um começo melhor, mais firme e mais forte para a sua carreira.

Todos nós desejamos influenciar pessoas, porém essa influência não deve ser exercida de modo maquiavélico, mas sim benéfico às duas partes envolvidas na questão. Os relacionamentos, sejam eles um namoro ou a formação de uma equipe de profissionais, dependem da reciprocidade e da confiança mútua. A fidedignidade de uma informação pode ser checada com uma simples pergunta: "Será que ela vem de fonte segura?" Caso a resposta seja negativa, a mensagem fatalmente passa a ser suspeita.

O representante do presidente dos EUA no incidente nuclear de Three Mile Island, Harold Denton, foi colocado numa situação delicada ao ter de averiguar os danos do acidente e ao lidar com a imprensa. Ele nos ofereceu este conjunto de regras para administrar uma crise sem pôr em risco a integridade moral:

1. Diga como as coisas realmente são.
2. Admita que a situação não pode ser avaliada com absoluta precisão.
3. Não faça declarações das quais você vai ter de se retratar depois.
4. Aja tendo o máximo conhecimento da situação.
5. Evite "julgamentos morais".

Numa importante cerimônia na Casa Branca, o então presidente Jimmy Carter assim descreveu a integridade profissional de Denton, que muito colaborou para evitar um caso de histeria na ocasião:

Harold Denton, da Comissão de Regulamentação de Energia Nuclear, recebeu muitos elogios devido à sua atuação no acidente de Three Mile Island. Quando eu visitei as instalações da usina no domingo, logo após o acidente, me dirigi à sala de controle acompanhado de Harold. Dali em diante, vi a sua figura calma, profissional e reconfortante todas as noites na televisão assegurando ao povo americano que não havia razões para o temor.

Apresentando o ex-presidente Gerald Ford em Harvard, o senador Alan Simpson assim resumiu a influência moral decorrente da integridade durante a gestão de Ford:

Se você é uma pessoa íntegra, nada mais interessa.
Se você não é, nada mais interessa.

Resumo

A integridade é uma fonte poderosa para o sucesso.
A integridade moral é o alicerce da sua reputação.
Ou você é íntegro, ou não é.

SAIBA OUVIR

É da natureza do general a serenidade, o que é uma garantia de que suas decisões serão profundas (...)

— Sun Tzu

Quando pensamos na figura de um general, não associamos a serenidade necessariamente à sua natureza e ao modo como assegura profundidade às decisões — vide o general Patton, que vimos ser interpretado no cinema e na televisão pronunciando com eloqüência frases que depois ficaram famosas.

Na realidade, porém, muitos generais entenderam bem a importância da serenidade. Numa ocasião em que um jovem tenente interrompia com insistência o general Curtis LeMay, ele gentilmente advertiu o oficial. O tenente retrucou que não fora se mantendo calado que LeMay chegara a general. "Sem dúvida", respondeu LeMay, "mas *foi assim* que eu fui promovido a capitão."

Esforce-se para saber ouvir

A arte de ouvir é um processo ativo. É atingir o grau de bom ouvinte que assegurará o que Sun Tzu chamou de "a garantia de decisões profundas".

Aqui vão algumas regras para você aprender a ouvir:

- *Repita para você mesmo o que ouviu.* O componente fundamental de aprender a escutar é tornar claro o que foi dito pela outra pessoa. Empregam-se expedientes como "O que eu entendi você dizer foi...", ou simplesmente a repetição do enunciado. Dessa maneira, você assegura que entendeu o que foi dito, o que colabora para apreender informações adicionais.

- *Faça perguntas*. Outro componente do saber ouvir é fazer perguntas. Elas vão torná-lo um participante ativo da conversa, fomentarão novas informações e colaborarão para que você tenha uma influência positiva na conversação. Seja sincero no que tange às perguntas e receberá de volta um fluxo maior de informações.
- *Reconheça os pensamentos e sentimentos do interlocutor*. Essa conduta interessada no diálogo pode ser demonstrada por meio de palavras ou de linguagem corporal, como com um aceno de cabeça. Ao indicar que você está captando o conteúdo da conversa, o diálogo passa de um patamar puramente emocional para a esfera dos assuntos mais sérios. É também pela demonstração de interesse real nos rumos da conversa que você consegue frustrar as interrupções impertinentes de terceiros. Com um simples sinal ou comentário, você encoraja o interlocutor a prosseguir o assunto tratado.
- *Descubra o que os outros querem realmente dizer.* Saber ouvir ajuda-nos a desenvolver a capacidade de perceber os desejos e necessidades das outras pessoas. Se conseguimos escutar verdadeiramente e compreender o que elas querem dizer, nos tornamos ouvintes argutos. As interações positivas do bom ouvinte ajudam a formar um quadro completo sobre a lógica e os sentimentos em jogo na conversação. Dessa maneira, vamos ser considerados pessoas com empatia.
- *Melhore a auto-estima dos outros*. Sorria, seja prestativo e bem-humorado. Se conseguimos nos tornar um ouvinte que melhora a auto-estima dos outros, as pessoas vão naturalmente nos procurar e depositarão confiança em nós.
- *Esteja ciente de suas distrações na conversa*. Você consegue prestar atenção na conversa de pessoas com quem não tem nada em comum? Consegue ser bom ouvinte de uma variada gama de assuntos? Muitas coisas podem prejudicar a nossa vontade de escutar. Se você conhece aquilo que o distrai em uma conversa, pode chegar a um patamar mais elevado na arte de saber escutar.
- *Mantenha-se no presente*. Uma mente dispersiva é um inimigo do ouvinte. Não tire conclusões precipitadas, nem busque implica-

ções futuras para o que está ouvindo. Mantenha a sua mente sintonizada no presente.
- *Faça anotações*. Não importa se você vai usar ou não as suas anotações: fazê-las é uma maneira de se manter atento à conversa.

Qual o papel das perguntas

Saber ouvir hoje em dia pode ser um desafio e tanto, por isso a melhor maneira de manter o engajamento numa conversa e de influenciar o seu desenrolar é fazer perguntas. Os benefícios de uma pergunta bem formulada são muitos:

- *Persuadir*. Perguntar é uma ótima maneira de ajudar os outros a se convencerem da verdade ou do erro de uma opinião. Uma pergunta tem o poder de tornar mais claro um determinado ponto e influenciar mais profundamente o interlocutor do que todos os argumentos que você possuir.
- *Manter-se interessado*. Fazer perguntas ajuda os interlocutores a se manterem dentro do assunto, pois o diálogo numa conversa é sempre melhor do que o monólogo. Perguntar faz com que uma parte maior do cérebro esteja direcionada para o que está sendo discutido.
- *Manter o controle*. As perguntas guiam a discussão, mantêm a conversa num determinado rumo e também ajudam a levá-la para novas direções. Quando fazemos perguntas, estamos no controle da situação. Ganha quem o detém.

As pessoas tendem a se convencer mais facilmente pelas suas próprias palavras do que pelas palavras dos outros. Também, se convencem com mais docilidade pela passagem do tempo do que pela exposição da verdade.

Sempre que um executivo pede o meu conselho sobre como deve se preparar para receber uma visita importante, sugiro que elabore uma lista de perguntas. Por que temos a tendência de nos preocupar com o que vamos responder e com o que vamos falar, mas nunca com o que vamos perguntar? Não jogue na defensiva, apenas respondendo às questões levantadas pelos outros. Uma lista de perguntas preparada com antecedência é a sua arma mais poderosa.

Em toda a conversação, quanto mais inteligente você for, mais o seu interlocutor estará propenso a tratar de um assunto importante com você, pois confiará em sua inteligência. Por esse motivo, ele lhe passará informações. Quanto mais perguntas você fizer, mais vai escutar; quanto mais informações recolher, mais vai conhecer.

Use o poder do silêncio

Apesar de as perguntas serem uma grande ferramenta, o silêncio pode vir a ser um belo modo de motivar os outros a falar. É por causa do desconforto com o silêncio que temos a tendência a falar por falar. Os bons vendedores sabem que quando fazem uma pergunta para o consumidor, devem esperar pela resposta. Por isso, se mantêm calados, até que o cliente responda.

Aguarde pela resposta do interlocutor. Se você desandar a falar, não vai obter as informações que deseja. Por exemplo, se perguntamos a alguém se vai fazer tal coisa, devemos deixá-lo pensar — o silêncio é com freqüência uma forma sutil de encorajar uma resposta positiva. Se você falar primeiro, é bem possível que esteja dando de presente para o outro uma desculpa para não falar, como no caso de você se precipitar e fazer um comentário do tipo "Sei que você está muito ocupado para falar agora", ao que o interlocutor responderá, aproveitando a deixa: "Isso mesmo. Estou muito ocupado." Quem fala demais, sai perdendo.

Sun Tzu aconselhava que os generais fossem serenos, o que garantia que as suas decisões seriam profundas. Saber ouvir é uma ferramenta que assegura a profundidade e nos conduz a um patamar mais alto de sucesso pessoal. É ao escutar que obtemos mais informações de cada conversação.

Resumo

Ouvir é aprender.
Pratique a arte de saber ouvir.
As perguntas dão as respostas.

A CONSIDERAÇÃO PELOS OUTROS

Preste atenção ao bem-estar dos soldados, sem fatigá-los. Tente mantê-los motivados e conserve a sua energia.

— *Sun Tzu*

Outro tradutor de *A Arte da Guerra* ressaltou que a consideração de Sun Tzu pelo tratamento humano não se restringia à consideração com as próprias tropas:

> *Trate bem os prisioneiros e cuide bem deles. Comande-os com civilidade, imbuídos de ardor marcial. Dessa maneira, pode-se dizer que a vitória será garantida.*

Apesar de ser raro alguém se encontrar numa tal posição de poder, em muitas de nossas relações existe uma hierarquia. O nosso poder "superior" pode variar de admitir e demitir funcionários, responder ou não a ligações telefônicas, ou mesmo dar ou não uma gorjeta no restaurante.

Nas relações diárias de poder, somos muitas vezes tentados a abusar dele e a tirar vantagem da sua natureza inerentemente desigual. Seja consciente ou inconscientemente, tomamos com freqüência decisões que nos são cômodas — como não retornar uma ligação quando ela parece carecer de valor. Numa tal situação, o presidente de uma grande companhia financeira consolidou a sua reputação ao repreender publicamente um executivo sênior por ter deixado um entregador de comida esperando 25 minutos, pois estava ciente de que tal espera reduzia o salário do entregador. Esse incidente tornou-se uma lenda no mundo empresarial.

A exortação de Sun Tzu para termos consideração pelos outros é bastante apropriada, pela maneira como o poder oscila de acordo com a situação em nossas relações diárias. O ditado "O mundo é pequeno" é pertinente ao assunto. Na nova era da informação e dos "trabalhadores do conhecimento", por vezes detemos o saber, por outras, precisamos dele. Tratar os outros de modo generoso quando detemos o controle potencializa situações vencedoras, mesmo quando não estivermos mais no poder.

Imaginando a situação oposta, em que uma pessoa desconsidera totalmente os seus colegas de profissão, quais não serão os comentários quando essa pessoa buscar um novo emprego? Analogamente, com o passar dos anos, os subalternos por nós menosprezados avançam na carreira e se tornam nossos colegas ou chefes. É comum depararmos com essas pessoas nas outras esferas da vida — como em encontros profissionais, em restaurantes ou na escola dos filhos. Por isso, nunca "feche as portas".

Trate bem os outros para alcançar um sucesso duradouro. Nosso mundo é feito de relações complexas, em que somos obrigados a interagir nos mais diversos setores econômicos e comunidades, desempenhando papéis variados. Tendo consideração pelos outros, como aconselhava Sun Tzu, seremos favorecidos.

Resumo

Não abuse do poder.
Não "feche as portas".
Não faça aos outros aquilo que não quer que façam a você.

CORAGEM

A disciplina militar reza que a coragem deve estar presente em todas as ações do exército.

— Sun Tzu

Assim como a preocupação de Sun Tzu era encorajar seus soldados para a guerra, nós também precisamos de coragem para enfrentar as nossas batalhas diárias.

Tudo o que fazemos envolve algum tipo de risco; até mesmo não fazer nada possui os seus. Aliás, é ao tentar manter o *status quo* que eles se tornam maiores.

As pessoas que não têm medo de assumir riscos ou de colocar idéias em prática quase nunca se descrevem como corajosas, nem mesmo demonstram a intenção de sê-lo; normalmente, da boca delas saem palavras como "eu fiz aquilo que qualquer um teria feito no meu lugar". Quando a situação se impõe, dizem coisas como "Eu não pensei no assunto", ou "Era a única coisa a ser feita". Enfim: elas fazem simplesmente o que achavam que devia ser feito.

Construa a confiança em si mesmo

A autoconfiança é a mãe da coragem — é ela que nos possibilita entrar em ação para fazer o que deve ser feito. O motivo pelo qual entramos em ação não se restringe ao impulso fundado em valores pessoais, mas também no treinamento que nos impomos para ganhar confiança em nós mesmos e sermos bem-sucedidos; em outras palavras, para ficarmos interiormente satisfeitos por "termos feito o melhor possível".

A autoconfiança é de grande valor na medida em que é construída sobre sólidos alicerces. Nos extremos da escala da confiança estão a sua falta e o seu excesso, sendo que este é mortal. O excesso de autoconfiança motiva o fracasso por razões inesperadas, pois são nos momentos em que tudo parece ir bem que corremos o maior perigo de ser derrotados pela adversidade. Stevie Wonder assim resumiu a situação:

Quando você começa realmente a se achar o número um, é nesse momento que perdeu o rumo.

Assim como a autoconfiança corporal nasce da compleição física, a autoconfiança mental vem do cérebro. Em muitos casos, ambas se reforçam mutuamente. Um jogador que sabe passar a bola acredita em sua habilidade. Por acreditar nela, mantém a calma ao entrar em campo e joga bem.

O general Wavell enunciou:

Um general arrojado pode vir a ter sorte, mas nenhum general vai ter sorte sem ser arrojado.

Ou seja, devemos ser corajosos e enfrentar os riscos, pois sem assumir os riscos calculados não conseguiremos vencer. Analisando o comportamento do general McClellan em Antietam, o seu biógrafo Stephen Sears notou que o general "tinha tanto medo de perder que não conseguia ganhar".

Coloque a coragem em ação

A coragem aparece de diversas maneiras:

No fatídico 11 de setembro de 2001, sobre os céus da Pensilvânia, Todd Beamer pronunciou as palavras agora famosas, "Vamos começar", e tornou-se um herói junto aos seus colegas de vôo. Eles certamente não estavam pensando em se tornar heróis quando embarcaram no avião, mas, ao pesarem as circunstâncias, fizeram o que devia ser feito. Deter os seqüestradores do avião acabou custando a vida deles, mas muito provavelmente salvou centenas de pessoas, já que a nave caiu num campo deserto e não no alvo escolhido pelos terroristas.

Quando era a primeira-dama dos Estados Unidos, Betty Ford lutava secretamente contra o alcoolismo e, de forma discreta, buscou tratamento. Por fim, demonstrou verdadeira coragem ao assumir publicamente a doença e ao fundar o Centro Betty Ford.

Se a coragem está ligada à ação, todos nós temos condições de ser corajosos. A coragem, como é por nós entendida, define-se como a capacidade de agir de acordo com as crenças pessoais.

Sun Tzu disse a respeito do general:

> *Ele tira a escada dos soldados quando eles acabam de chegar ao alto de uma torre.*

Na vida, o sucesso é uma escalada que requer a coragem para se assumir riscos e para "tirar a nossa própria escada". Entretanto, a coragem deve ser contrabalançada com a sabedoria, tal como escreveu o marechal-de-campo Montgomery:

> *Muitas qualidades são necessárias para um líder, mas duas delas são vitais: a habilidade de tomar as decisões corretas e a coragem de agir de acordo com as decisões tomadas.*

Resumo

Equilibre a autoconfiança com a sabedoria.
Trabalhe para fazer a coisa certa.
Isso se chama coragem.

DISCIPLINA

Se a disciplina não é cumprida, é impossível empregar as tropas.
— *Sun Tzu*

Algumas das passagens mais célebres de *A Arte da Guerra* enfatizam o uso da disciplina férrea. A fábula das concubinas demonstra como Sun Tzu a utilizava para lograr êxito no desempenho militar. O foco na disciplina é uma constante entre os campeões.

A disciplina colabora para a vitória

Todos os grandes feitos são realizados por meio da disciplina. Quando pediram ao rei do beisebol Henry Aaron que estabelecesse a diferença entre uma boa equipe e uma grande equipe, sua resposta foi curta: "disciplina".

Os japoneses possuem uma palavra para a disciplina de um processo reconstrutivo — *kaizen*, que significa melhoramento contínuo. *Kaizen*, assim como a disciplina, desempenha uma função no melhoramento pessoal.

Depois de dominar o *Masters* de 1997, o golfista Tiger Woods passou a estudar o videotape de suas atuações e, junto ao seu treinador, retrabalhou o movimento giratório do corpo nas tacadas, de modo que elas ficaram ainda melhores! É pela disciplina de um treinamento e de uma prática contínua que Tiger Woods se transformou num campeão entre campeões. Ele é conhecido por ser o último a deixar o monte de areia do campo de golfe. Se Tiger Woods alcançou a excelência — e ainda assim continua melhorando — nós também podemos fazer o mesmo.

Após se tornar o mais jovem zagueiro a conquistar o Super Bowl e o segundo mais jovem a receber as honrarias do MVP, Tom Brady, atleta do New England Patriots, comentou: "Ainda preciso melhorar tanto que nem sei por onde começar."

Ter disciplina significa acordar cedo pela manhã para estudar o aperfeiçoamento em nossa profissão, ou então para praticar exercícios físicos. As manhãs são o melhor período do dia para a prática da disciplina porque, ao postergá-la para a tarde, acabamos por colocá-la indefinidamente em segundo plano. Sem perseverança não existe disciplina.

Note que ela é uma aliada, não a nossa inimiga. As desculpas que damos para não observá-la é que são, sim, a grande vilã. É pela disciplina que fazemos o que é certo e, dessa maneira, trilhamos o caminho para alcançar os nossos objetivos.

A disciplina gera poder

Numa análise das "Sete Leis do Poder" de Colin Powell, Oren Harari conseguiu identificar vários fundamentos da disciplina do general — talvez Colin Powell seja uma versão moderna de Sun Tzu:

1. *Não tenha medo de ser o chato*. Segundo Powell, "Toda organização deve tolerar os rebeldes que alertam que o rei está nu...".
2. *Para conhecer o problema, vá até onde ele está*. "As pessoas que estão longe dos gabinetes são as mais próximas ao problema. Logo, é com elas que se encontra a verdadeira sabedoria."
3. *Compartilhe o poder*. "Não são os planos que realizam o trabalho; são as pessoas que o realizam", alerta Powell.
4. *Saiba quando ignorar os seus superiores*. Na visão de Powell, "Os peritos quase sempre vêm com mais dados do que com bons conselhos."
5. *"Contraia" amnésia seletiva*. Powell nos diz: "Nunca deixe que o seu ego fique muito próximo do seu cargo, de modo que, onde quer que o seu cargo o leve, o ego vá junto."
6. *Não tente impressionar*. "As pessoas que fazem jornadas enormes de trabalho para me impressionar estão perdendo tempo", comentou.

7. *Declare vitória e saia de cena*. Powell observa como é importante saber o momento certo de abdicar de uma posição.

Grandes regras! O problema que encontramos para segui-las, ou seguir qualquer outro conjunto de regras, é a exigência da disciplina. A autodisciplina é conquistada aos poucos, nas pequenas coisas que fazemos que se tornam, enfim, os nossos hábitos. Seja realista ao traçar objetivos; com o tempo, você vai conseguir enfrentar desafios progressivamente maiores. Da mesma maneira, uma autodisciplina produtiva vai gerar um sucesso crescente.

Resumo

A disciplina é nossa aliada.
A disciplina transforma boas pessoas em ótimas pessoas.
A autodisciplina requer disciplina.

CRIATIVIDADE

Na arte da guerra não existem senão dois tipos de força — a extraordinária e a normal. As combinações possíveis entre elas, no entanto, geram uma série infinita de manobras possíveis.

— *Sun Tzu*

Uma outra tradução de *A Arte da Guerra* enfatiza como a obtenção de resultados criativos resulta da infinidade de combinações possíveis:

As notas musicais são apenas cinco, porém as melodias são tão numerosas que ninguém conseguirá ouvi-las todas.
As cores primárias são apenas cinco, porém a combinação entre elas é de tal forma infinita que ninguém conseguirá visualizá-las todas.
Os gostos são apenas cinco, mas a mistura deles é tão variada que ninguém conseguirá prová-los todos.

A criatividade está sendo reconhecida de maneira progressiva na cultura popular. Do mesmo modo, ela é de vital importância para administrarmos o nosso sucesso pessoal. No mundo dos negócios, os novos produtos têm uma "meia-vida" de cinco anos — ou seja, em cinco anos, metade deles vai estar obsoleta. O sucesso da maioria das empresas é alcançado graças à criatividade constante, não de um único produto ou de esforços criativos isolados. Com as pessoas de sucesso, a mesma coisa acontece.

Quando pensamos em pessoas criativas, é comum lembrarmos dos outros, mas não de nós mesmos. No entanto, a criatividade não é um ente intangível: ela significa apenas a busca de soluções alternativas para os nossos problemas. Desse modo, a criatividade é um componente-chave em nossa busca de estratégias de sucesso.

Como tudo o que envolve o sucesso na vida, a criatividade caminha junto com o trabalho duro e com o conhecimento, o que não deixa de ser uma boa notícia, pois dessa maneira todo mundo vai ter a oportunidade de colocar o seu "gênio criativo" e suas próprias ferramentas a serviço dessa busca.

Libere a energia criativa

Edward H. Lang, o inventor da câmera Polaroid, assim explicou o processo criativo:

A verdadeira criatividade se caracteriza por uma sucessão de atos, cada um dependente do anterior e sugerindo o seguinte.

Sem dúvida, todos nós temos condições de seguir esse caminho. Como Darwin confessou, no entanto, ele não é fácil de ser trilhado:

Eu nunca fui um pensador ou escritor prolífico. Tudo o que fiz na ciência foi alcançado por meio de longa reflexão, de paciência e de muito esforço.

As descrições da criatividade feitas acima refutam a noção de que as grandes idéias surgem como "relâmpagos no céu". Ao contrário, a criatividade se baseia no uso da razão. Surge dos nossos conhecimentos e do foco de nossos interesses. O seu fogo é despertado pela nossa paixão.

Buscando maneiras de aumentar as vendas durante os anos 50, um pequeno restaurante do Texas, acanhado, numa minúscula área de uma região movimentada, encontrou um jeito criativo de chamar a freguesia que passava de carro. Colocou-se uma placa na loja com a seguinte inscrição: "Drive Thru", uma novidade na época. O negócio do restaurante cresceu de tal maneira que o expediente usado na propaganda passou a ser imitado. Essa idéia engenhosa se tornou tão comum que hoje em dia nos surpreenderíamos com uma lanchonete que não oferecesse o serviço de "drive thru".

É no capítulo referente ao "uso de energia" que Sun Tzu menciona a infinitude de combinações possíveis na natureza. Com o uso da energia, a criatividade humana recorre ao inesperado e ao ainda não pensado para resolver os problemas de maneira bem-sucedida.

Para levar a cabo as recomendações de Sun Tzu, os homens de seu tempo não precisavam mais do que armas rústicas e recursos limitados. Para se alcançar o extraordinário, igualmente prescinde-se de artefatos caros, novos e modernos. Quase sempre o extraordinário se esconde no simples e no comum, nas coisas cotidianas quando vistas sob uma nova perspectiva. A sugestão de Sun Tzu é que lidemos com o arcabouço criativo que as outras pessoas relegaram.

Vá além do comum

É nos ensinado o que já se conhece. Quase nunca, porém, aprendemos sobre o desconhecido, e menos ainda sobre o que pode ser conhecido.

— Ralph E. Gormy

Para fazer os seus subordinados sentirem a necessidade de buscar o "desconhecido" e o "que pode ser conhecido", o chefe de uma grande empresa, durante uma apresentação, desenhou uma série de caixas, uma contendo a outra.

A primeira caixa foi chamada "Nossa experiência profissional". Sobre ela, a empresa tinha conhecimento total.

A segunda caixa, que continha a primeira, foi chamada de "Nossos fornecedores e clientes". Sobre ela se tinha um conhecimento razoavelmente grande.

A terceira caixa, contendo as outras duas, foi chamada de "Empresas do nosso ramo". Sobre ela, chamou a atenção o chefe, o conhecimento de sua equipe era bem menor.

A caixa seguinte, contendo as outras três, foi chamada de "Empresas de fora do nosso ramo". Sobre ela, o chefe expressou clara preocupação, havia uma nítida falta de conhecimento por parte de sua equipe.

A caixa final, contendo todas as outras, foi enfim chamada de "Todas as Empresas do Mundo". Novamente o chefe demonstrou preocupação sobre o desconhecimento dela por parte da equipe.

O chefe concluiu que era dever de todos "saírem de dentro da caixa" quando pensassem, expandindo dessa maneira os horizontes para aumentar o valor da empresa e assegurar novas fontes de receita. Para que isso ocorresse, ninguém deveria ficar enfurnado em sua respectiva "caixa", mas sair dela para encontrar novas oportunidades.

Não é adotando uma postura acomodada que se vai descobrir novas estratégias fora da "caixa" — postura que pode ser resumida na frase "Eu vou saber quando a oportunidade bater à minha porta". Ao contrário, é somente com uma postura do tipo "Eu vou buscá-la, sem esperar que ela bata" que iremos conhecê-la e reconhecê-la.

Use as ferramentas da criatividade

Quando entendermos que a criatividade é um processo intelectual, potencializado pelas ferramentas corretas e pelas nossas interações com o meio, conseguiremos compreender como ela pode ser usada na construção do nosso sucesso. Listo abaixo as ferramentas básicas do processo criativo:

- Numa folha de papel, faça uma lista de opções.
- Faça um "balancete" de si mesmo ao modo do feito por Benjamin Franklin, com duas colunas: uma delas com os "prós" e a outra com os "contras" dos seus objetivos. Pese-os e tome a sua decisão.
- Troque idéias com um pequeno grupo e observe como regras simples podem se desdobrar em novas informações. Trocando informações, um grupo certa vez desenvolveu mais de dois mil usos para as partes da galinha.

Muitos "experts" em criatividade sustentam que todos nós somos criativos de um jeito ou de outro. Segundo Sun Tzu, o bom senso deve ser usado na busca da criatividade. Não "invente" novos "tons musicais", novas "cores" ou "sabores". A criatividade está em combinar o conhecido em variações úteis.

Resumo

Pense e seja criativo.
Vá além do senso comum.
Libere a sua energia criativa.

O ALTO PADRÃO DE QUALIDADE

O comandante deve criar uma situação inesperada, que fuja do comum.

— Sun Tzu

Para a obtenção do sucesso, não basta apenas a simples execução de uma tarefa, mas sim superar as expectativas em sua execução. Para sermos bem-sucedidos, devemos "quebrar as regras" e estabelecer um padrão mais elevado de desempenho. Feito isso, devemos posteriormente quebrar o nosso próprio recorde.

O que foi bem-sucedido no passado pode continuar a sê-lo no futuro, mas, em algum lugar, mais cedo ou mais tarde, alguém vai superar o padrão de qualidade estabelecido.

Novos padrões resultam de mudanças no processo. Quando analisamos a evolução dos recordes em um único esporte como o salto em altura, notamos que nele ocorreram melhorias técnicas de estilo, do "Tesoura", ao "Western Roll — rolo com virada interna", ao "Straddle — salto em rolo ventral", até chegarmos ao "Fosbury Flop" — a nova seqüência de salto. Com a introdução dessas metodologias mais modernas, nenhum atleta conseguiu ser competitivo usando a metodologia antiga. Hoje em dia, todos os campeões utilizam o "Fosbury Flop", mas pode ser que amanhã outra metodologia seja desenvolvida. Quem vai saber se o que está hoje em voga não será ultrapassado amanhã?

Preste atenção ao processo

Quando buscamos definir a excelência, tomamos como parâmetro os seus resultados; porém, ela não pode ser definida a partir deles. Os resultados são a conseqüência: a excelência é alcançada por meio das melhorias no *processo*.

Todas as nossas atividades são baseadas em processos, como as normas técnicas e os padrões de execução. Portanto, são processos tanto as tarefas comuns como acender o fogo ou preparar uma comida, como as atividades profissionais, que envolvem dezenas deles. Na execução de cada processo, podemos identificar três padrões:

- *Input* — Padrão de Início: os ingredientes do processo.
- Padrão de Operação: o processo da atividade.
- *Output* — Padrão de Finalização: o resultado do processo.

Como exemplo, tomemos a preparação de uma comida:

- No Padrão de Início, são determinadas as quantidades e a qualidade dos ingredientes: para se preparar um suculento filé, devemos primeiro ter uma boa carne; para se fazer uma salada gostosa, precisamos de verduras frescas.
- No Padrão de Operação, determinamos o método de preparação. No exemplo acima, por quanto tempo devemos deixar nosso prato no forno e a qual temperatura?
- Já o Padrão de Finalização diz respeito à temperatura em que o prato será servido, ao seu gosto e à sua aparência.

Busque o trabalho diferenciado

Fica fácil detectar o *input* (ingredientes), a operação (preparação) e o *output* (resultados) quando cozinhamos. Analogamente, devemos aspirar a Padrões de Início e de Operação diferenciados em nossas atividades profissionais.

Para se alcançar a excelência nessas atividades, necessitamos de normas na preparação e na execução: somente com o contínuo aperfeiçoamento desses padrões conseguimos atingir a excelência. Nunca a atingiremos mediante improvisos de última hora.

Quanto mais alta for a nossa aspiração e quanto maior a distância que percorrermos para atingir o padrão almejado, mais chances temos de realizar as melhorias.

Seja qual for a sua atividade, busque as grandes mudanças nos processos — mudanças que aprimoram o rendimento. Requer esforço fazê-las, mas o resultado será compensador.

Resumo

Busque o alto padrão.
Faça um trabalho diferenciado.
Estabeleça novos padrões de excelência.

OS BONS CONSELHEIROS

O líder lúcido deve deliberar os planos de batalha.

— *Sun Tzu*

Quando nos engajamos na elaboração de planos e estratégias para o sucesso, é comum recebermos um sem-número de conselhos, muito mais do que necessitaríamos ou desejaríamos. No entanto, são as opiniões dos mentores e conselheiros as valiosas fontes de apoio, de inspiração e de "correção de rumo" em nossa trajetória. O êxito raramente é alcançado pela prática solitária, sem o auxílio de bons conselhos.

Crie um corpo de conselheiros

O corpo de conselheiros tem como utilidade oferecer guiamento em nossa rota para o sucesso, funcionando como a nossa "bússola interior". Temos muito a aprender com as pessoas honestas e de boa vontade. Ouça atentamente o que essas pessoas têm a lhe dizer e faça bom uso de seus conselhos. Um punhado de conselheiros confiáveis são de maior valor do que um batalhão de consultores.

Na formação do Conselho, deve-se contar com as seguintes pessoas:

- *Um guru*. Não deve ser uma pessoa diretamente envolvida em seu trabalho, mas alguém que possa escutá-lo e lhe dê respostas proveitosas. Tradicionalmente, é pela sabedoria que o escolhemos, e suas opiniões são ótimas para o florescimento de novas idéias. Contando com um guru, nunca nos sentimos ameaçados pelas circunstâncias, mas inspirados por elas.

- *Um treinador*. Enquanto os gurus são escolhidos pela sabedoria geral, os treinadores são selecionados pela proficiência numa profissão ou negócio determinado. Eles conseguem "furar" os nossos mecanismos de defesa e, em conseqüência, acabamos por conhecer mais profundamente a nós mesmos.

  Qual o atleta de ponta que não tem o próprio treinador? Seja você um profissional proeminente ou em ascensão, os macetes e as idéias de um treinador imparcial podem dar mais poder de fogo ao seu sucesso.

  Provavelmente não temos condições de contar com um treinador profissional, porém a sua função pode ser executada por terceiros — pessoas que consigam iluminar os "pontos cegos" da nossa compreensão dos fatos ou da nossa conduta. Nesse caso, o treinador pode ser mesmo um amigo que nos ajuda a analisar a situação e apontar as suas causas. A franqueza mútua é o elemento mais precioso de uma amizade.

- *Um patrocinador*. Normalmente é um profissional bem posicionado dentro da empresa que vai servir de nosso mentor. Se essa pessoa deixar a empresa, é aconselhável arranjar um substituto para ela. Certa vez um jovem profissional me contou que, um ano após ter sido contratado, três profissionais experientes próximos a ele deixaram a companhia. Privado de seus padrinhos, esse jovem acabou saindo rapidamente da empresa.

  O patrocínio também está presente nas demais esferas de nossa vida. Quando, por exemplo, recebemos um convite para fazer parte do comitê de uma entidade, é recomendável pedir à pessoa que nos convidou que atue como um guia pelos meandros do funcionamento da equipe. Essa assistência vai nos ajudar no entrosamento rápido com os outros membros. Também vai nos tornar mais eficientes e ajudará a estreitar os laços com as outras pessoas.

Cuidado com a ignorância eloqüente

Lembro de uma reunião numa empresa de consultoria, marcada para a revisão de um seminário. Um visitante foi convidado a participar dela e, buscando exibir seus conhecimentos, se fez bastante saliente. A sua colaboração, no entanto, apesar de bem-intencionada, foi de pouca validade.

Uma sala de reuniões cheia de pessoas bem-intencionadas, mas sem o conhecimento necessário da situação, provavelmente vai ser o palco da tomada de uma série de conclusões erradas. A ignorância eloqüente é sinônimo de contribuições desastrosas.

Cheguei à conclusão que é muito fácil dar conselhos durante a prestação de uma consultoria. Porém, os diagnósticos certeiros só nascem da mescla da experiência com o conhecimento da situação.

Entre as pessoas experientes na avaliação do fluxo de informações, um comentário comum a respeito de opiniões vazias é que "elas são dados", sem dúvida uma forma elegante de dizer que elas "não passam de dados" e de que se necessita muito mais do que isso para se tomar uma decisão bem-informada.

No seu quartel-general em Tóquio, o general MacArthur mandou colocar uma placa com a seguinte inscrição, frase de um oficial romano:

> *Em cada círculo e literalmente em cada mesa que nos encontramos, topamos com pessoas que comandaram as tropas na Macedônia. Trata-se de um grande entrave para os verdadeiros responsáveis pela condução dos assuntos de estado.*

Tenha também em mente as admonições abaixo em suas reuniões profissionais:

1. A capacidade de uma discussão ser inteligente e proveitosa é inversamente proporcional à quantidade de pessoas na sala.
2. Não é da quantidade de conselhos que vai sair um bom conselho. Não devemos dar ouvidos a todas as opiniões dadas. Peça conselhos àqueles que conhecem a situação.

As reuniões mais frustrantes de que já participei foram as do conselho diretor de uma associação nacional de comércio, que envolvia 22 pessoas — um grupo muito grande para o intercâmbio de idéias. Esse tipo de ambiente propicia a emissão de opiniões de pessoas mais preocupadas em aparecer do que em ajudar.

Evite transformar uma reunião num fórum de decisões. Use as reuniões, isso sim, como matéria-prima das decisões. Também saiba que, apesar de ser útil colher a opinião dos componentes de um pequeno grupo, deve-se evitar as votações, que estimulam a rivalidade entre as pessoas.

Uma boa maneira de fazer um intercâmbio de informações e de trocas profissionais é formar grupos de pessoas com afinidades, sejam elas da mesma área de atuação ou não. Relacionamentos não-competitivos oferecem o ambiente ideal para se testar idéias e resolver problemas.

Resumo

A qualidade é melhor do que a quantidade.
A ignorância eloqüente é fatal.
Arranje um guru, um treinador e um patrocinador.

PARTE DOIS

As Estratégias para o Sucesso

Introdução

A ESTRATÉGIA PRECEDE A TÁTICA

As estratégias e as táticas possuem papéis diferentes na condução da nossa trajetória para o sucesso.

- A estratégia é o princípio que precisa de um meio para se efetivar.
- A tática é o meio de colocar em prática os princípios.
- A estratégia determina a alocação de recursos. É o nosso plano.
- A tática lida com o uso desses recursos. É a implementação do plano.
- A estratégia diz qual a coisa certa a fazer; a tática, qual a maneira de fazer a coisa certa.

Torna-se claro o papel da Estratégia e da Tática quando as comparamos com uma regata de barcos a vela. No caso, a Estratégia é o timão, que determina a direção do barco; a Tática é como o poder do vento, que nos propele em direção aos nossos objetivos.

O almirante Mahan tem o seguinte comentário em sua obra sobre o poderio naval:

> *A palavra que melhor define a linha de demarcação entre a tática e a estratégia é "comunicação".*

Todas as atividades de planejamento são de natureza estratégica. Já as atividades de implementação que requerem a comunicação entre indivíduos são de natureza tática. Caso, por exemplo, a sua estratégia for encontrar novas colocações no mercado de trabalho mediante o contato com pessoas, a sua tática será fazer esses contatos.

No momento em que o presidente de uma empresa determina o curso de uma ação, sua atividade é estratégica; quando conversa com um cliente, sua ação é tática.

Toda ação, não importa quão pequena pareça à primeira vista, segue um plano ou intenção. A estratégia pode ser definida como a criação da "ação correta". Ela precede a tática. Sempre.

CONHEÇA O SEU CAMPO DE BATALHA

O indivíduo deve avaliar as condições dos lados em conflito em função de cinco fatores fundamentais:

1. A influência moral
2. O clima
3. O terreno
4. O comandante
5. A doutrina
Todo general deve estar familiarizado com esses cinco fatores. Os que os dominam vencem; os que não o fazem são derrotados.

— Sun Tzu

O primeiro passo da boa estratégia é a pesquisa — recolher informações. Devotamos a primeira parte do Livro II à área mais importante da coleta de dados — conhecer a si mesmo.

As informações acuradas permitem a melhor alocação de recursos, além de permitirem a redução de riscos, já que os dados dão a conhecer a situação em que estamos nos envolvendo. Se um jogador detém informação privilegiada, pode de sã consciência apostar todo o seu dinheiro numa única corrida, pois possui de antemão todos os indícios do desenrolar da situação. A análise dos dados disponíveis antes do desastre do World Trade Center confirmam o que digo.

O conhecimento da situação nos ajuda a separar o útil do inútil. Do mesmo modo, a experiência na interpretação dos dados vai ajudá-lo a avaliar a massa de informações recolhida.

Como gritavam os escoteiros, devemos estar "sempre alertas".

Busque o conhecimento

Nas primeiras frases de *A Arte da Guerra*, Sun Tzu enuncia:

A guerra é uma questão de vital importância para o estado; uma questão de vida ou morte; a estrada para a sobrevivência ou para a ruína. Por essa razão, é um imperativo que ela seja estudada em detalhes.

Na tradução de Griffith de *A Arte da Guerra*, a necessidade do estudo é enfatizada quando o tradutor substituiu "imperativo" por "obrigatório". Dessa forma, lemos "é obrigatório que ela (a guerra) seja estudada em detalhes". O conhecimento é o primeiro requisito, segundo Sun Tzu, para se travar uma batalha. Ele ainda aconselha:

Analise os planos de guerra do inimigo para ter um conhecimento preciso de seus pontos fracos e fortes. Perturbe-o para certificar-se de seus movimentos.

Descrevo a seguir os elementos ativos que o ajudarão a formar uma sólida base para o conhecimento.

Aprenda bem um assunto antes de ensiná-lo. Dominamos o conteúdo de uma matéria quando nos sentimos capazes de ensiná-lo — um patamar não muito difícil de atingir. A busca do conhecimento instigará perguntas progressivamente mais profundas, além de nos fazer antecipar questões possíveis de serem levantadas. Na busca contínua do conhecimento, novos questionamentos são revelados, assim como também o são as informações cuja existência desconhecíamos.

O jogo das "cinco perguntas". Fazer as cinco perguntas é uma maneira de chegarmos à raiz de um problema. Na área de gerenciamento de qualidade, onde ele é considerado uma ferramenta de grande importância, encontramos muitos exemplos como o que dou abaixo:

Pergunta 1. Por que a entrega demorou tanto?
Resposta 1. Porque o caminhão da entrega enguiçou.

Pergunta 2. Por que o caminhão enguiçou?
Resposta 2. Ele enguiçou porque o óleo não foi trocado.

Pergunta 3. Por que não trocaram o óleo?
Resposta 3. O motorista não recebeu o treinamento adequado.

Pergunta 4. Por que o motorista não recebeu o treinamento?
Resposta 4. Porque ele foi cancelado.

Pergunta 5. Por que cancelaram o treinamento?
Resposta 5. Porque a verba foi cortada.

De modo simples, chegamos à raiz do problema dessa hipotética empresa de transporte de carga. A culpa do atraso da entrega não foi do motorista, mas sim de um sistema viciado que cortou uma verba essencial para a manutenção dos caminhões.

Se não formos capazes de formular as cinco perguntas, provavelmente não chegamos ao coração do problema.

- *Analise o assunto por partes*. Sun Tzu aconselha com insistência que se use a abstração para a compreensão de um assunto. Dizendo em outras palavras: abstrair significa isolar um elemento particular de uma massa geral de dados para melhor estudá-lo. A abstração nos ajuda a ordenar uma análise. É mais ou menos como "tomar a sopa pelas beiradas", uma colherada de cada vez. Dissecar um assunto, fracionando-o em pequenos pedaços, nos ajuda a entender como cada um de seus componentes funciona, além de demonstrar como eles formam o todo.
- *Estude os dados perto da época em que vai aplicá-los*. O treinamento deve acontecer perto da data em que vai ser posto em prática, pois a aplicação imediata de um conteúdo favorece que ele seja guardado na memória.

Amplie os horizontes do conhecimento

Existe uma tirada famosa do humorista e filósofo Mark Twain:

Eu nunca permiti que a escola atrapalhasse a minha educação.

Essa observação sábia nos mostra a importância de ampliarmos os horizontes do conhecimento. Ao mantê-lo sob limites estreitos, somos incapazes de enxergar soluções criativas para os nossos problemas. Mantenha-se aberto para o inesperado e até mesmo para as descobertas até então não muito bem-vindas.

Existem algumas maneiras de você enriquecer o seu conhecimento com informações que fogem da sua área de especialização:

- *Esteja aberto para contatos com outras pessoas.* Cultivar amizades com pessoas vivazes e bem-informadas é importante para o nosso sucesso. Conheça os expoentes da sua e de outras áreas do saber. Promova situações que favoreçam a sua convivência com elas: na medida em que ocorrer um intercâmbio de informações entre vocês, esse relacionamento se estreitará.

- *Aproveite as chances de aprendizado*. Muitas pessoas se queixam de que não têm tempo de ir a feiras de exposição ou a seminários de negócios — e não por não os considerarem importantes. Às vezes, chegam mesmo a não participar de eventos voluntários, como o retiro anual do conselho da paróquia. Essas pessoas se consideram ocupadas demais para "cortar a madeira e ainda afiar o machado". Não existe tempo suficiente em nossa vida para fazer tudo o que queremos; logo, devemos eleger prioridades e abrir uma brecha em nossa agenda para aprender coisas novas. Faça isso já.
- *Busque a companhia de pessoas diferentes de você e com interesses diversos dos seus*. Se tivermos sempre ao redor pessoas que sabem o mesmo que nós, não aprenderemos coisas novas. Ou pior, passaremos a achar que as nossas opiniões, idéias e pontos de vista é que são os corretos. Faça cursos de outras áreas, ingresse em organizações de interesses variados, freqüente eventos de setores que não sejam os seus. Dessa maneira, desenvolvemos novas perspectivas, além de podermos "chupar" idéias de outras áreas.
- *Busque novas experiências*. Saia da sua toca, descubra o mundo, faça uma viagem de balão, entre para uma equipe de *rafting*, vá jantar com pessoas diferentes ou participe de uma atividade cívica.
- *Questione-se*. Observar o mundo em volta é uma boa maneira de descobrir coisas que precisam de resposta e de incitar a curiosidade.

Num trabalho recente de consultoria empreendido por mim para a indústria alimentícia, não eram necessárias as visitas ao comércio varejista, porém achei recomendável conhecer a situação *in loco*. Na minha agenda de viagem, abri espaço para visitar quatro dos cinco maiores varejistas do país, dois dos quais os mais respeitados do setor. Essas visitas permitiram que eu conhecesse melhor do que ninguém a situação do objeto de estudo. Organizei numa apresentação para o cliente toda a informação coletada. Depois, ele me contou ter obtido um enorme sucesso a partir do trabalho — em suas palavras, ele "foi porreta".

Nunca os desafios com os quais vamos nos confrontar estão sob nosso controle; no entanto, podemos controlar as nossas reações frente a eles. Quanto mais vasto for o conhecimento, maior será a nossa habilidade de reagir de forma vitoriosa a novos desafios.

Sun Tzu nos diz:

O general que compreende a natureza da guerra torna-se o senhor do destino do seu povo, e sob sua custódia estará a segurança do país.

Para ser bem-sucedido, Sun Tzu estudou os princípios da guerra. O nosso foco de interesse pode ser outro, porém a eficiência em dirigir o próprio sucesso aumentará com o acesso a diferentes universos de conhecimento.

Resumo

Conheça a sua área de atuação.
Expanda os seus horizontes.
Invista tempo no aprendizado: vale a pena.

A REDE SOCIAL

As informações privilegiadas devem ser obtidas por intermédio de homens que conhecem a situação do inimigo.

— Sun Tzu

A rede de amigos e de colegas é uma fonte excelente de informações privilegiadas.

Sun Tzu também disse:

Quem não emprega guias locais, fica privado das vantagens da geografia.

Sempre que somos apresentados a outras pessoas, instintivamente buscamos pontos comuns que nos permitam estabelecer uma relação mais próxima. Dou exemplos:

- Numa conferência em Helsinque, um gerente finlandês me disse que vasculhou os Estados Unidos todo em busca de uma cidade para a construção de uma fábrica. Como o local escolhido foi a minha cidade natal, isso estabeleceu um elo entre nós.
- Durante um jantar, eu e o meu vizinho de mesa fizemos amizade quando nos demos conta que havíamos estado na mesma festa de ano-novo.
- Num vôo, o passageiro do assento ao lado se tornou um importante contato quando, durante a conversa, descobrimos que havíamos sido vizinhos numa outra cidade.

A base do crescimento pessoal está no tamanho e na força da rede social. É difícil construir uma agenda grande e forte sem esforço. Se você é frugal ao ligar para os outros ou ao fazer novas amizades, os seus contatos serão reduzidos.

Tom Gunnels, o autor do livro *Keep Your Lights On*, nos dá um bom conselho sobre os três tipos de conhecimento que são decisivos para o sucesso:

O que você conhece.
Quem você conhece.
Quem conhece você.

Faça crescer a sua rede social

Uma sólida base de contatos cresce com o investimento contínuo de tempo e recursos. Ela é constituída de novas relações e de antigas amizades e envolve tanto conhecer pessoas como transformá-las em amigos.

- *Tenha objetivos claros na hora de fazer um contato*. Participar de um encontro ou conferência e tentar se aproximar das pessoas é uma coisa. Outra bem diferente é ter um objetivo bem específico na mente e ser mais seletivo.

  Não importa se, ao sermos seletivos, restringimos o número de pessoas que conhecemos. Ter como objetivo contatar um número razoável de pessoas é um estímulo para que saiamos do círculo aconchegante de nossas amizades para travar novas relações. Se você não fica um pouco desconfortável ao encontrar novas pessoas a fim de ampliar a sua rede social, provavelmente os seus contatos não foram muito numerosos.

  A qualidade da sua rede de amigos é importante. Porém, não conheço ninguém que tenha uma agenda de nomes de qualidade sem que ela seja, ao mesmo tempo, uma agenda com quantidade de nomes. Na medida em que os seus amigos progridem na carreira, eles se tornam valiosos para você — caso vocês se mantenham em contato. Aliás, este é o segundo estágio da construção de uma rede social: saber mantê-la.

  O *Transition Team*, uma empresa especializada na recolocação profissional, ofereceu o seguinte conselho para a criação de uma rede de contatos que vise à obtenção de emprego: "Faça uma lista das primeiras vinte pessoas que você julga serem capazes de lhe ajudar na sua busca. Não se preocupe se você vai ficar sem graça de ligar para elas, ou se faz muito tempo que vocês não se falam. Na lista, ponha o nome do conhecido, o seu cargo ou o grau de proximidade. Por exemplo: Sra. Lawson, bibliotecária aposentada (amiga). Faça força para chegar aos vinte nomes. A seguir, ligue para essas pessoas e informe-as de maneira agradável sobre a sua situação."

- *Solidifique os contatos*. Quando você conhece alguém, procure descobrir os seus interesses e faça a promessa de lhe enviar algo que ela deseje. Com esse propósito, você pode, por exemplo, montar um arquivo de artigos interessantes de assuntos variados. Sempre peça o cartão de visitas da pessoa em questão e escreva nele o que prometeu para ela. Também coloque a data e o local onde se conheceram. Assegure-se de enviar o item prometido, junto a uma notinha escrita à mão. Por que isso? Essa notinha é um toque pessoal que faz jus à amizade que você deseja formar.
- *Use o telefone*. O telefone é uma ferramenta óbvia para fazer contatos. Meus acompanhantes de viagem dizem que sou incapaz de passar por uma cabine telefônica nos aeroportos sem usá-la. Eles não estão longe da verdade.

  Sempre que você ligar, pergunte para a pessoa do outro lado da linha se ela pode falar naquele momento. Se você não o fizer, corre o risco de ser abruptamente interrompido na conversa caso a pessoa estiver ocupada, no meio de uma reunião ou conferência, o que é embaraçoso.

  Quando eu entro em contato com uma pessoa que mal conheço — ou que desconheço —, nunca deixo recados. Dessa maneira, me mantenho no controle da situação e ainda resolvo os seguintes problemas:

1. Quando deixo uma mensagem, imediatamente abdico do meu direito de ligar novamente porque, se não consegui encontrar a pessoa, quando é apropriado ligar de novo? Se me abstenho de deixar recados, posso ligar quando quiser, até mesmo alguns minutos depois da primeira tentativa, se me é informado que a pessoa com quero falar está numa outra ligação.
2. Por manter mentalmente o controle dos contatos que busco criar, posso ligar novamente quando me sinto preparado para fazê-lo.

3. Evito a situação desagradável de receber uma ligação de volta e não lembrar por que motivo liguei para aquela pessoa.

- *Uso da internet.* É também uma ótima ferramenta para fazer contatos, se usada sabiamente. Envie mensagens o mais curtas possível e com conteúdo.

Mantenha a sua rede em funcionamento

Mantenha-se ativo. Quanto mais pessoas você conhecer e quanto mais amigos tiver, mais pessoas você vai conhecer bem. Os seus contatos, espero, vão gerar outros contatos.

Quando viajar para outras cidades, ligue às pessoas da sua rede social que lá residem a fim de marcar um encontro. Elas vão ficar encantadas com a sua gentileza e o seu interesse. Pode ser que vocês não consigam se encontrar, mas o gesto solidificará a amizade.

Em algumas cidades, eu tomei café da manhã três vezes, cada uma delas com um grupo diferente. Apesar de todos termos de manter um olho na balança, nesse caso a necessidade falava mais alto. Um amigo meu comentou de forma irônica que esse comportamento é bem nova-iorquino. Como os moradores de Nova York perdem horas no trânsito, aproveitam para marcar três almoços ou cafés da manhã no mesmo dia, pois sabem como é inconveniente ter de se deslocar para esses compromissos.

O lado ruim de criar uma rede de contatos é o tempo e a energia despendidos. O lado bom, é que é divertido criá-la, além de gerar resultados.

Os estatísticos dizem que no mundo apenas quatro contatos nos separam de uma pessoa com que desejamos nos associar ou de que precisamos por algum motivo, caso a conheçamos ou saibamos o seu nome. Mas, e se não soubermos? Bem, se você não sabe exatamente quem procura para resolver um problema, precisa de uma rede social. Quanto mais abrangente for essa rede, mais efetiva ela será.

Resumo

Estabeleça objetivos de largo alcance.
Solidifique os seus contatos.
Trabalhe ativamente em prol da sua rede social.

DESENVOLVA ESTRATÉGIAS EFICAZES

O objetivo do guerreiro experiente é tomar intacto tudo o que existe sob o céu por meio da superioridade estratégica.

— *Sun Tzu*

Numa outra tradução de *A Arte da Guerra*, a estratégia poderosa, que assegura a vitória antes da batalha, é descrita de maneira simples:

Um exército vitorioso busca a vitória antes de buscar a batalha.
Um exército predestinado ao fracasso luta apenas com a vã esperança de vencer.

Na ausência de uma estratégia, as chances de vitória são depositadas nas mãos do destino. Com uma estratégia, os rumos e objetivos estão em nossas mãos.

As considerações táticas podem influenciar o planejamento estratégico. Talvez você precise direcionar os seus esforços para uma área taticamente possível de atuar, em vez de uma estrategicamente preferível. Considerações familiares ou financeiras vão influenciar a sua decisão sobre os objetivos estratégicos. Talvez você almeje chegar à presidência dos EUA, porém seja mais conveniente ou prático concorrer a um cargo legislativo.

É um consenso que a estratégia deve ser correta para que uma pessoa se torne bem-sucedida em seus esforços. Não se trata de um problema tipo "quem veio primeiro, o ovo ou a galinha?": a estratégia tem prioridade; as táticas que a colocam em prática vêm depois. Uma ótima estratégia pode comportar muitas derrotas táticas sem tornar-se um fracasso.

Já uma estratégia medíocre que se apóie em boas táticas não impedirá o malogro, pois nem mesmo uma série de êxitos táticos, ou uma execução tática brilhante, conseguirão encobrir uma postura estratégica inadequada.

As melhores estratégias pessoais são aquelas que permitem a obtenção de uma clara visão do futuro. Elas não nos chegam num *flash*, mas sim mediante muito esforço e análise criteriosa dos fatos.

Tenha uma visão individual

Uma visão individual não pode ser resumida a um discurso, pois ela não é feita de palavras. Ela é, isto sim, engendrada a partir da descoberta "daquilo que vamos nos tornar". Sem uma visão individual, definhamos mentalmente.

Um amigo meu, que chefiava uma empresa de consultoria, afirmou categoricamente:

> *A visão própria é o veículo que ajuda a cruzar a fronteira da realidade em direção ao mundo futuro aparentemente intangível das esperanças infinitas. O que hoje nos parece impossível torna-se não só possível, mas também provável se nos mantemos fiéis aos nossos ideais por meio das ações.*

As regras abaixo ajudarão você a implantar uma visão de sucesso:

1. *Identifique as suas competências*. Quais são as coisas que as outras pessoas dizem que você é apto a fazer? Aconselhe-se com quem você confia para identificar as suas competências.
2. *Busque aplicações às suas aptidões*. Pense em como você pode se tornar produtivo utilizando as suas competências. Em quais áreas consegue aplicar melhor os seus talentos e aptidões?
3. *Estabeleça um rumo*. Tenha bem claro em sua mente aonde pretende chegar e o que pretende vir a ser. Explore os fatores que podem transformar a sua visão em realidade.

Transforme a visão individual numa imagem nítida

Uma imagem nítida serve como uma descrição vibrante e energética de como o mundo parecerá caso a sua "visão" seja alcançada ou tornada realidade.

Traduza a sua missão em palavras numa folha de papel:

De um fôlego só, descreva a visão individual em detalhes vívidos. Inicie a redação com frases do tipo "Em cinco anos eu serei...". Deixe a imaginação correr solta e trabalhe laboriosamente. Não pare de escrever antes de ter preenchido várias páginas. Então, guarde o seu texto por um ou dois dias e, depois, sintetize tudo em um ou dois parágrafos curtos. Mais importante do que foi escrito é o exercício mental realizado. Completada a tarefa, você estará apto a colocar a sua visão individual em prática.

O valor da exploração da visão própria está no exercício mental, pois esse processo cristaliza os pensamentos, nos aproximando da realização da nossa missão.

Desenvolva iniciativas pessoais estratégicas

A iniciativa estratégica deve ser posta por escrito. Em poucas palavras, ela deve fornecer a bússola que nos norteia e definir os nossos objetivos.

Pense a respeito das oportunidades existentes; reveja e analise quais os impedimentos e riscos que ameaçam a realização da sua visão pessoal. Considere também as rotas alternativas de ação. A seguir, descreva as suas iniciativas estratégicas em frases parecidas às do exemplo abaixo:

Carreira: Vou me formar num curso noturno para conseguir a promoção a que almejo.
Família: Os meus filhos vão cursar uma faculdade.
Reciclagem profissional: Farei um curso de uma semana no exterior.
Saúde: Vou treinar para correr a maratona.

Tendo bem claros os seus propósitos, você deve colocá-los em prática. Eleja de três a cinco prioridades da sua lista e desenvolva um plano de ação para cada iniciativa — eleger mais propósitos é contraproducente, pois você vai estar tentando fazer muitas coisas ao mesmo tempo. Seja diligente em seus esforços. Seguindo passo a passo essa receita, você estará construindo a estrada para o sucesso pessoal.

Resumo

Desenvolva uma Visão Individual.
Traduza-a em imagens nítidas.
Alcance o sucesso por meio de iniciativas estratégicas.

VENCER SEM LUTAR

Travar cem batalhas e sair vitorioso de todas elas não é o ápice da maestria na guerra. A excelência suprema consiste em subjugar o inimigo sem precisar lutar.

— *Sun Tzu*

Um princípio repetido com insistência em *A Arte da Guerra* é o da estratégia ofensiva que busca assegurar a vitória sem a deflagração de um conflito de grandes proporções.

Encontre a vitória na estratégia

A sua estratégia deve ser tão boa que iniba o surgimento de concorrentes à altura; se eles surgirem, a sua tática deve ser tão poderosa que a vitória será alcançada de qualquer maneira.

É na formulação estratégica que a vitória é assegurada. O vencedor é quase sempre aquele que já entrou na arena vitorioso. Em outras palavras, vence aquele que desenvolve uma poderosa estratégia antes de entrar em combate com o oponente.

Quem sabe como vencer sem precisar lutar está com freqüência tão bem preparado que chega mesmo a evitar a batalha, preferindo derrotar o inimigo pela intimidação. O oponente em potencial vai preferir empregar as suas energias em outras áreas, pois teme ser derrotado de forma acachapante, ou sabe que o preço da vitória é inviável.

O bem-sucedido treinador de futebol Phillip Fulmer, da Universidade do Tennessee, assegura:

Eu sempre motivo os meus jogadores a jogarem virilmente e a intimidarem a equipe adversária. Isso não significa que joguemos contra as regras. Só quero dizer que os meus jogadores devem estar numa forma física e técnica tal que sobrepuje o rival.

O treinador Fulmer fala da necessidade de sermos tão bons que o nosso desempenho seja, em si mesmo, intimidante.

Em todos os cantos da Suíça, encontramos ruas, praças e estátuas homenageando generais de um exército que nunca lutou. A Suíça já venceu uma porção de guerras (nas quais não entrou) usando a Estratégia do Porco-Espinho:

Você
entra em cena
no baile da sociedade
e eriça os seus
espinhos

O exército suíço é composto de centenas de milhares de civis que treinam regularmente e mantêm as armas em casa. A Suíça não possui um exército: ela *é* um exército.

Sun Tzu reforça a crença no poder da estratégia quando comenta:

O verdadeiro estrategista subjuga o exército inimigo sem o uso da força. Captura as suas cidades sem precisar tomá-las de assalto e derruba o regime inimigo sem operações demoradas.

Adquira a força da inovação

Sun Tzu também diz que, se a nossa ação não é única e original, a vitória não está garantida:

Antever a vitória quando ela pode ser prevista pelo mais comum dos mortais não é mostra de excelência na guerra, como também não o é conquistar a vitória numa batalha renhida, mesmo que com ela se granjeie a admiração de todos na corte.

O mestre chinês só confirma que as vitórias fáceis não significam a vitória final. O êxito real é aquele em que "conquistamos o inimigo já derrotado" (pela nossa estratégia).

A inovação potencializa um tipo de força que, por si só, assegura a vitória. Quando os vencedores inovam e encontram maneiras originais de alcançar o êxito, deixam para trás os concorrentes. É o caso do jovem que entra numa Feira de Ciência com um projeto muito superior ao dos outros competidores. Devemos lembrar de Dick Fosbury, o inventor do Fosbury Flop — a seqüência de salto que alterou o esporte do salto em altura —, ou então de Dell, que inovou ao vender seus computadores diretamente aos consumidores, ignorando os canais tradicionais de distribuição.

Ter idéias inovadoras pode ser fácil; o difícil é ter a capacidade de implementá-las. Existem alguns passos seguros que ajudarão a vitaminar a sua mente para vislumbrar novas realidades e descobrir possibilidades nunca antes exploradas:

1. *Defina o desafio*. Por escrito ou por meio de desenhos, sintetize os elementos essenciais do desafio. Tomando o exemplo de Fosbury, ele queria saltar mais alto para ser competitivo e ganhar medalhas.
2. *Crie frases do tipo "E se..."*. Esse expediente deverá guiá-lo para descobertas radicais e inauditas. Ultrapasse o senso comum. Fosbury deve ter elaborado frases como as seguintes:

    - E se eu usar um novo tipo de vara?
    - E se eu usar um pula-pula?
    - E se eu desenvolver uma nova partida para o salto?
    - E se eu mudar completamente a maneira de cruzar o sarrafo?
    - E se eu falar com outros treinadores?
    - E se eu examinar a técnica dos mergulhadores?
    - E se eu nunca mais subir ao pódio?

3. *Visualize a ação*. Selecione diversas idéias que pareçam curiosas e tente imaginá-las sendo postas em prática. Imagine o desenrolar dos acontecimentos, momento a momento. Concentre-se na ação e não nos resultados. Também observe os fatos interessantes que ocorrem à medida que a ação se desenvolve.
4. *Inove*. Faça um diagrama com os benefícios dessas idéias e encontre novas maneiras de superar os desafios.

Certa vez um biólogo bem-sucedido comentou:

A descoberta científica consiste em enxergar o que ninguém até então enxergara — e também em pensar no que ninguém ainda pensara.

Passeando pelos pomares de cereja do nordeste de Michigan, Bob Sutherland teve um estalo e imaginou o que ninguém antes imaginara: criou uma loja única que funciona num parque temático, a fictícia República das Cerejas. Hoje em dia, virou divertimento garantido fazer compras na pequena cidade de Leelanau, cuja decoração é toda motivada pela extravagante república. Levas de turistas vão até lá comprar os mais diversos produtos à base de cereja.

Resumo

Uma poderosa estratégia vale mais do que um combate renhido.
As inovações favorecem as grandes estratégias.
A estratégia poderosa sai vencedora.

USE PONTOS FORTES CONTRA PONTOS FRACOS

A lei da operação militar dita que se deve evitar o lado forte do inimigo e atacar o seu lado fraco.

— Sun Tzu

A concentração de forças é um dos princípios mais poderosos do êxito militar, assim como do sucesso de qualquer empreendimento. Todo ataque bem-sucedido logrou sucesso porque nele as forças estavam concentradas.

A concentração de forças não se baseia numa mera questão de números, mas sim no direcionamento das estratégias e táticas para a vitória. As chaves para o sucesso não dependem tanto da força que possuímos, mas sim de como e onde concentramos o nosso poder.

Use muitos para atacar poucos

Apesar de separados por dois milênios e por milhares de quilômetros, Sun Tzu e o general europeu Carl von Clausewitz deixaram conselhos bem parecidos:

Se pudermos nos valer de muitos para atacar poucos num local escolhido, o nosso inimigo estará em apuros.

— Sun Tzu
Século V a.C.

Quando a superioridade absoluta não pode ser obtida, devemos produzir, pela hábil utilização de nossos recursos, uma superioridade relativa no momento decisivo.

— Carl von Clausewitz
Século XIX d.C.

Apesar de alguns suspeitarem que Clausewitz conhecia *A Arte da Guerra*, não há prova disso. É claro, no entanto, que o modelo estratégico oriental de Sun Tzu e o modelo ocidental de Clausewitz concordam na questão da concentração de forças contra os pontos fracos do inimigo. Sun Tzu menciona a concentração "num local escolhido"; Clausewitz, "no momento decisivo". O estrategista europeu ainda aconselha que a concentração tática deve ser alcançada "pela hábil utilização de nossos recursos" — uma situação definitivamente familiar à maioria de nós.

Detecte o ponto fraco

Novamente, Sun Tzu recomenda:

A ofensiva do comandante será irresistível se ele atacar os pontos fracos do oponente.

Muitas pessoas de reconhecida competência concentram a sua ambição em áreas em que a verdadeira fraqueza é a ausência de concorrentes.

Dan Poynter ficou conhecido como *expert* em pára-quedismo ao saltar de avião no Pólo Norte, assunto que rendeu um livro, que por sua vez catapultou a fama de Poynter como autor de obras especializadas na superação de desafios.

Jim King, um analista de riscos ambientais, ganhou reconhecimento ao escrever o *Dicionário do Meio Ambiente*, um calhamaço de 1290 páginas. Com esse respaldo, lançou-se à carreira de consultor.

Ninguém ouviu falar de Poynter a não ser que conheça pára-quedismo ou faça parte do mundo editorial. Do mesmo modo, a fama de King está confinada ao círculo do gerenciamento ambiental. Por toda a parte, existem nichos de mercado à espera de empreendedores que se especializam em áreas bem específicas do conhecimento, áreas onde a competição é pequena ou nula.

Ser um vencedor é uma tarefa que se impõe diariamente, cuja essência está em contar com uma superioridade proporcional à concorrência num campo específico do conhecimento. Traduzindo, devemos selecionar nichos de atuação onde podemos aplicar efetivamente os nossos pontos fortes contra os pontos fracos dos nossos rivais.

Quando estamos em dúvida sobre onde concentrar nossas forças, é bom examinarmos o lado fraco da força oponente. Por exemplo, em 1704, Pedro, o Grande se deslocou à cidade russa de Dorpat para inspecionar os seus vinte mil homens, que a sitiavam. Quarenta e seis canhões disparavam contra as guarnições da cidade rebelde. O czar considerou falha a concentração de forças planejada pelo comandante, pois os disparos, feitos contra os bastiões mais fortes do inimigo, não surtiam efeito. Pedro, o Grande ordenou que outros alvos fossem escolhidos e que os canhões fossem direcionados contra as paredes mais vulneráveis das muralhas. Dessa maneira, os novos disparos abriram uma brecha pela qual as tropas russas invadiram Dorpat. A vitória foi alcançada depois de cinco semanas de sítio, mas apenas dez dias após a chegada de Pedro, o Grande e da concentração de forças contra o lado frágil do inimigo.

Alcance a superioridade

Superioridade organizacional: Freqüentemente, a superioridade é conquistada graças à organização. Foi dessa maneira que os gregos, agrupados em falanges, derrotaram os persas na Batalha de Maratona, travada numericamente em pé de igualdade.

A superioridade organizacional é o que ajuda uma equipe a se tornar vencedora, ou uma franquia ser bem-sucedida. Ela é alcançada sempre que um indivíduo sabe gerenciar os seus recursos pessoais — o que, em linguagem popular, é chamado "colocar a casa em ordem".

Superioridade Tecnológica. Outra rota à superioridade é a da tecnologia. Nos dias de hoje, esse fator é decisivo para as empresas do mundo *hi-tech*. Todos nós podemos descobrir aplicações aos mais avançados conhecimentos tecnológicos em nossas respectivas áreas de atuação.

É fundamental manter-se atualizado com a tecnologia em face das suas rápidas mudanças; afinal, vantagens sensíveis sobre a concorrência são obtidas por quem se mantém na crista da onda tecnológica.

Além disso, a tecnologia nos faz exercer a liderança de fato, e não apenas parecer exercê-la. Os melhores profissionais sempre buscam a companhia dos expoentes do conhecimento.

Estimule a força, não a fraqueza

As chances de sermos bem-sucedidos aumentam quando empregamos tempo, dinheiro e energia para reforçar os pontos fortes que geram resultados, potencializando as nossas habilidades.

Quando, no entanto, investimos tempo, dinheiro e energia tentando consertar o que está dando errado, estimulamos os pontos fracos. Nesse caso, caminhamos na direção diametralmente oposta.

Isso não quer dizer que não devamos prestar atenção às áreas deficientes: o problema está em preterir as áreas de eficiência ao reforçar o que é problemático, privando os pontos eficientes de tempo e recursos. Os melhores resultados são obtidos quando estimulamos o nosso lado forte.

Em muitas empresas, não existe a cultura do incentivo à eficiência, nem métodos que a aprimorem de maneira sistemática. Com muita freqüência, os gerentes julgam que é o seu dever envolver-se nas operações diárias. Ao serem absorvidos nas tarefas de apoio ao fraco, a sua atuação acaba sendo defensiva, e não ofensiva.

No mundo dos bem-sucedidos, aos treinadores cabe a função de criar estratégias; aos jogadores, executá-las. Quando os papéis se invertem, os resultados podem ser desastrosos.

A chave para o sucesso está em garantir que todos os recursos estão corretamente destinados a iniciativas estratégicas predeterminadas. Já nos alertava um ditado militar:

Armas de fogo silenciosas não acertam o alvo, não importa a boa mira.

Resumo

Conheça os seus pontos fortes.
Concentre a sua força contra os pontos fracos do concorrente.
A concentração deve ser feita num ponto decisivo.

A PREVENÇÃO CONTRA OS ERROS

Ao levar em conta os fatores desfavoráveis, o general sábio evita possíveis desastres.

— Sun Tzu

Nem sempre a vitória cabe aos mais brilhantes, mas àqueles que cometem menos erros. Colocar em prática esse enunciado é uma tarefa árdua, pois normalmente os erros só tornam-se claros depois de cometidos.

O processo de prevenção do erro funda-se na compreensão de que os riscos materiais são problemas identificáveis, remediáveis com a adoção das medidas apropriadas. Já o fator humano é imprevisível. Assim, devem-se tomar as devidas precauções para diminuir as possibilidades de fracasso resultantes das causas exteriores para que, então, todos os recursos possam ser dedicados à imprevisibilidade humana.

Abaixo, eu listo exemplos de como evitar os erros e aumentar as chances de sucesso:

Reserve um tempo ao aprimoramento profissional ou à preparação de uma carreira alternativa.

Seja sempre pontual, pois dessa maneira você nunca causará a má impressão de iniciar um contato com desculpas pelo atraso.

Saiba que, na apresentação de um trabalho, a forma é tão importante quanto o conteúdo. Trate com esmero os elementos formais, pois caso contrário o desleixo monopolizará as atenções, deixando em segundo plano os elementos psicológicos e de maior importância referentes à substância. Por exemplo, os erros de ortografia e gramática denigrem o conteúdo de qualquer texto.

Na vida profissional, nunca permita que o seu plano fracasse devido à falta de qualidade de produtos e serviços, à impontualidade nos prazos de entrega ou a qualquer outro fator externo.

Existem muitas outras regras a serem postas em prática na vida cotidiana que previnem desastres, sejam eles grandes ou pequenos. Dou algumas:

Tome uma aspirina antes de uma longa viagem de avião e, durante o vôo, dê uma caminhada pelos corredores da nave. Desse modo, evita-se o risco da formação de coágulos sangüíneos — a chamada Síndrome da Classe Econômica.

Nunca envie uma carta pelo correio no mesmo dia em que a escreveu. Uma boa dose de sabedoria vem da passagem do tempo e de uma segunda leitura.

Sempre leve consigo dois cartões de crédito. Se você perder um deles, tem o outro de reserva.

Não dirija embriagado.

Resumo

Corrija, primeiramente, os elementos previsíveis.
Em seguida, dedique os recursos para o imprevisível.
Uma forma desleixada denigre o conteúdo.

CONSTRUA UMA POSIÇÃO FORTE

Segundo a doutrina da guerra, devemos tornar a nossa posição invencível.

— *Sun Tzu*

A força da nossa personalidade é a base da posição que ocupamos. Nela está contida a maneira como agimos e as coisas que fazemos melhor.

Nós percebemos essa posição de acordo com a nossa auto-imagem. Já as outras pessoas a percebem pela imagem que fazem de nós.

A percepção é, de fato, a realidade.

Temos a capacidade de fazer mudanças em nós mesmos e também de alterar a maneira como os outros nos percebem. Apesar de as nossas ações poderem alterar a situação em que nos encontramos, a mudança será permanente apenas caso essas ações sejam tomadas de modo resoluto. As tentativas de alcançar uma falsa solução são maléficas.

Somos todos atores no palco da vida, e os nossos melhores papéis são aqueles que nos retratam fidedignamente. Um dos maiores elogios que ouvi serem feitos a outra pessoa foi "Puxa, o fulano é exatamente como ele se descrevia!"

No presente, a nossa posição é determinada pela aplicação das forças à disposição. A melhor ou pior aplicação dessas forças determinará no futuro qual será então a posição por nós ocupadas. As posições fortes dão estabilidade e direcionamento à vida; as fracas são destrutivas.

Procure a força em seus relacionamentos

Os autores Wheatly e Kellner-Rogers, em seu livro *A Simpler Way**, afirmaram categoricamente:

Os relacionamentos são a base de tudo.

Uma posição baseada em relacionamentos fortes torna-se imbatível. Abaixo, você encontrará quais as posições principais que podem ser ocupadas nos diferentes núcleos, ou esferas, da vida:

Posição no núcleo familiar: Para quem é casado, a família é definida pela união matrimonial ou pelo nascimento das crianças. Para os solteiros, um substituto do elo familiar é o círculo de amizades. Em ambos os casos, está incluída nessa esfera o círculo de parentes próximos que nos dão apoio. É a maneira como atuamos que determina a nossa habilidade de contribuir para reforçar esse núcleo, ou para dele receber apoio.

Lembro de uma jovem que me confidenciou trabalhar todos os dias em prol do seu casamento. Assim como em nossa vida profissional, a vida familiar exige uma atitude de reciprocidade para que seja bem-sucedida.

Posição na esfera religiosa: Para muitas pessoas, a esfera religiosa não se resume à missa dominical. A religião pode se transformar numa grande fonte de força para a nossa posição. É a única potência que pode desdobrar-se ao infinito. Dentre todas as forças, é a mais profundamente pessoal.

Posição na esfera profissional: A educação determina a nossa posição profissional. Em toda carreira, existe uma escada cujos degraus precisamos galgar. Ao galgá-los, determinamos novos objetivos à nossa vida de acordo com a nova posição alcançada (isso caso não tenhamos decidido "mudar de escada" na carreira).

Posição no núcleo dos "interesses diversos": Esse núcleo diz respeito às nossas atividades paralelas às da vida familiar, religiosa e profissional. Essa posição pode estar entrelaçada a outras, ou então servir de apoio a elas. Quando um pai, por exemplo, treina o filho num esporte, tem-se a relação do núcleo familiar (paternidade) com os interesses diversos (esporte da criança).

---

* *Um Caminho mais Simples*, publicado pela Editora Cultrix, São Paulo.

Em cada um dos núcleos, devemos devotar tempo e energia ao desempenho desses papéis. Quando nos aprimoramos neles, a nossa posição torna-se invencível.

Defina claramente a sua posição

Para conseguirmos nos destacar no meio da multidão, devemos criar uma marca pessoal, definindo-a da forma mais clara e rigorosa possível, pois dessa maneira ela será somente nossa. Para dar um exemplo, imagine um autor que ficasse conhecido como "aquele que escreve histórias de mistério envolvendo gatos persas negros".

Uma chave para descobrirmos a nossa "identidade corporativa" é dada ao imaginarmos um amigo bem-humorado nos apresentando a uma platéia usando uma alcunha. Que alcunha melhor nos define em relação à nossa área de interesse ou especialidade? Isto chama-se "marca pessoal".

Para reforçarmos uma posição, é preciso antes definirmos que posição é essa. Esse processo de reforço é gradual e evolutivo.

Quando decidi me tornar um *expert* na aplicação de estratégias militares aos negócios, eu investi noites e horas livres entre compromissos em visitas a livrarias e bibliotecas em busca de livros sobre o assunto.

Vasculhei as estantes das livrarias de Cambridge, Massachusetts. Visitei a Biblioteca do Congresso, assim como as livrarias especializadas em obras de assuntos militares. Tive acesso às bibliotecas de West Point e da Escola de Infantaria de Fort Benning. Toda cidade que visitei acabou oferecendo novas oportunidades para eu expandir meus conhecimentos nesse campo de especialização. Apliquei o conhecimento de estratégia militar ao meu primeiro livro: *Winning the Marketing War*.

Passei a dar palestras a respeito da estratégia militar aplicada aos negócios e, como resultado dos meus esforços, já expus as minhas idéias tanto sobre as estratégias ocidentais como as orientais para platéias dos cinco continentes. Quando participo de algum seminário, sempre encontro outros conferencistas de prestígio e, em conseqüência, amplio a minha rede de contatos. Essa rede, antes nacional, tornou-se internacional; com as minhas credenciais, ganhei acesso a lideranças militares e empresariais que me mantêm bem informado sobre a minha área de especialização.

Foi durante a pesquisa sobre a estratégia militar que redirecionei o meu foco especificamente para um estrategista chinês — Sun Tzu. O único lugar no mundo onde podem ser encontradas todas as traduções inglesas de *A Arte da Guerra* é na minha biblioteca particular.

Boa parte do sucesso que hoje desfruto tem sua raiz nos contatos que fiz quando buscava me tornar um perito da estratégia militar aplicada aos negócios. Quando me perguntam se alcancei esse objetivo, respondo que provavelmente não, mas que continuo aprendendo e progredindo com as novas experiências que a vida me apresenta.

No decurso da minha jornada rumo à proficiência nessa matéria, visitei a China por duas vezes com o intuito de entender o ponto de vista chinês dos ensinamentos de Sun Tzu e também para ensinar a minha aplicação da filosofia do mestre oriental.

Quando tive a oportunidade de prestar uma consultoria internacional, me impus um novo objetivo, o de adquirir conhecimento sobre as diferenças em qualidade de prestação de serviço ao redor do mundo. Já que eu me hospedaria em alguns dos hotéis mais luxuosos do globo, decidi entrevistar os gerentes desses hotéis, pois sem dúvida eles se constituem em fontes seguras sobre o assunto, já que os hotéis são o palco mundial da excelência em prestação de serviço. As entrevistas realizadas renderam dados valiosos sobre a qualidade em serviços e serviram de base para o meu livro, *Building Bridges to Customers*.

Algumas das regras para você tornar-se um *expert* são as seguintes:

1. *Escolha um nicho pessoal*. Quanto mais específico for o nicho escolhido, menor será a competição enfrentada.
2. *Apóie-se no que você já conhece.* Busque desenvolver-se dentro de uma área em que os seus pontos fortes possam ser aprimorados. Caso contrário, você está apenas praticando um *hobby*.
3. *Tenha o espírito de explorador*. Viaje e conheça pessoas diferentes. Faça contatos. Vá direto às fontes.
4. *Construa a sua reputação*. Especialistas não são escolhidos, eles se fazem anunciar. Seja o propagandista de si mesmo.
5. *Nunca pare de se aperfeiçoar*. A jornada nunca acaba.
6. *Atenda o telefone*. Um indicador de que você "chegou lá" é que o telefone não pára de tocar.

Faça alianças

Conquistar aliados ajuda-nos a manter nossas posições. Esse é o ponto em que a nossa rede social e o trabalho em equipe convergem para gerar poder pessoal. Buscar a companhia de pessoas com interesses semelhantes aos nossos abre a oportunidade para adquirir novos conhecimentos.

Ninguém consegue fazer tudo sozinho. O jogador profissional de golfe possui um treinador, um agente e um rapaz para levar os tacos (cujas atribuições, na verdade, vão muito além disso). Arranje um treinador, empregue um agente e procure outros conselheiros com quem possa discutir as estratégias a cada passo que for dar em direção a uma vida melhor.

Não seja um chato, mas aproveite toda oportunidade para divulgar a sua posição. A Internet veio colocá-lo em contato com o mundo.

Perigo!

É um axioma que, quanto mais nos sentimos seguros em nossa posição, mais corremos perigo. É quando temos o sentimento de maior segurança que estamos vulneráveis a surpresas.

Resumo

Seja quem você realmente é.
Cultive sólidos relacionamentos profissionais.
Aprimore o conhecimento para reforçar a sua posição.

ORGANIZANDO UMA EQUIPE

Quando a tropa está unida, o intrépido não pode avançar sozinho, nem o covarde recuar.

— Sun Tzu

Quando estamos determinados a ser bem-sucedidos, temos muitas vezes a tendência de contar apenas com as nossas próprias habilidades para resolver um problema. Saltamos diretamente da "nossa idéia" para a "nossa solução", sem solicitar a ajuda de ninguém. Estamos condicionados a trabalhar de forma individualista, e não como membros de um grupo.

Forme equipes vencedoras

Quando, durante os *workshops* ministrados por mim, quero demonstrar a eficácia do trabalho em equipe, proponho o "Exercício do S": dou um texto aos participantes e peço que contem quantas vezes a letra "s" aparece nele.

Tente fazer você também o exercício. Conte quantos esses você encontra no texto antes de ler a resposta num dos parágrafos abaixo.

EXERCÍCIO DO "S"

Hoje sobressai a necessidade de adestrar as mãos curtidas e rústicas dos camponeses na semeadura e na colheita das safras das fazendas de classe superior que se conservam por gerações de senhores das glebas. Os seus antepassados já sentiam esta necessidade, pois sabiam ser essa a base da sábia administração das fazendas.

Conte o número de letras "s" que aparecem no exercício.

Em geral, o número de letras "s" encontrado varia de quarenta a cinqüenta. Na medida em que as respostas são dadas, a platéia ri, pois é ridículo que uma pergunta tão simples gere respostas tão díspares. No entanto, todos os participantes tinham certeza de estarem respondendo corretamente quando fizeram o exercício.

A seguir, todos são convidados a trabalhar em grupos de três ou quatro pessoas para tentar chegar à resposta correta. É comum alguém sugerir que cada um dos participantes conte os *esses* de uma frase específica. Os grupos chegam, normalmente, à resposta, o que prova que os melhores resultados são alcançados pelo trabalho em equipe, e não cada um tentando resolver os problemas individualmente. É dado, então, um exercício semelhante, mas agora todos têm as ferramentas necessárias para encontrar a resposta correta. (O número de letras "s", aliás, é 53.)

Não podemos alcançar individualmente o mesmo êxito que alcançaríamos em equipe, assim como não podemos competir isoladamente contra indivíduos que juntaram as forças.

Muitos pensam que o tempo consumido no trabalho em equipe é ineficaz, mas muito pior é a derrota.

Há cerca de cem anos, um estrategista francês afirmou a respeito do valor do trabalho em equipe:

> *Quatro homens corajosos que não se conhecem bem, não ousarão atacar um leão. Quatro homens menos corajosos, mas que se conhecem bem e que confiam um no outro, atacarão resolutamente. Em resumo, tal é a ciência da organização do exército.*
>
> — Ardant du Picq

Conhecer bem as pessoas com que atuamos e estar seguro da confiabilidade delas, e de que nos prestarão auxílio, é, em resumo, a essência do trabalho em equipe. As equipes de sucesso são formadas por pessoas que se conhecem e confiam umas nas outras. Para que uma operação seja eficiente, é fundamental que os seus participantes invistam tempo no aprimoramento técnico e no trabalho conjunto. Para que haja uma interação produtiva e seja desenvolvida a confiança entre os seus membros, é necessário tempo. As equipes de sucesso não são formadas por pessoas que simplesmente assistiram a uma palestra sobre trabalho em equipe, mas sim por indivíduos que dividem experiências e trabalham para alcançar um objetivo comum.

Bo Schembechler, técnico de futebol da Universidade do Michigan, disse:

> *O esforço que obtemos de um atleta que busca a glória não será nunca comparável ao de um grupo de atletas que tenta alcançar um objetivo comum.*

Os benefícios de uma causa comum

O engajamento numa causa comum, aglutinadora de um grupo, tem o poder de nos dar entusiasmo e energia; com ela, o nosso comprometimento é de "corpo e alma", e não apenas com a "mente". Sun Tzu adverte que *aquele cujas hostes estão reunidas em torno de um objetivo será vitorioso*. Para que possamos construir uma causa comum, é necessário que estejamos harmonizados com a nossa natureza. A partir daí, o espírito da causa fortalecerá a consistência da equipe. Os grupos de pessoas maduras e motivadas conseguem realizar feitos inacreditáveis.

Resumo

Forme uma equipe.
Compartilhe de uma causa comum.
O trabalho em equipe traz as melhores respostas.

BUSQUE AS GRANDES INOVAÇÕES

Em geral, usa-se a força normal para travar combate e a força extraordinária para vencer a guerra.

— *Sun Tzu*

Em nenhuma outra parte da obra de Sun Tzu a simplicidade de sua sabedoria é exposta de maneira tão clara quanto no conselho de empregar o extraordinário para obter a vitória.

Esforce-se para obter uma grande vitória

Um plano ambicioso ajuda-o a priorizar os ganhos mais significativos na sua estratégia. Isso não quer dizer que os ganhos menores não sejam importantes; apenas, que eles são estágios de um ganho maior. Em nossa vida, eles carecem de interesse quando não conduzem a grandes resultados.

As pequenas conquistas podem ser tão custosas quanto as grandes vitórias. Seja qual for o seu intento, planeje uma estratégia que busque alcançar os grandes objetivos.

Quando o general MacArthur chefiava o comitê olímpico norte-americano, ele exortou os atletas a representar o maior país da Terra: "Nós não chegamos até aqui para perder de forma elegante, mas sim para ganhar resolutamente."

Com essas curtas palavras, o general conseguiu unificar o grupo em torno do objetivo de representar os Estados Unidos e de "vencer resolutamente". Faz parte dos grandes objetivos trazerem em seu bojo a razão e a motivação que justificam o esforço para alcançá-lo.

O estrategista do século XVIII Carl von Clausewitz expôs de forma cristalina:

Somente as grandes batalhas produzem grandes resultados.

Um complemento para esse corolário seria:

Somente a perspectiva de grandes resultados pode criar os meios para se travar grandes batalhas.

É a perspectiva de grandes resultados que gera o maior entusiasmo.

Planeje as grandes inovações

Muitas vezes pensamos que só conseguiremos fazer grandes inovações se tivermos mais recursos à disposição — mais tempo, mais dinheiro e mais apoio. Não reconhecemos que este "só mais um pouquinho" nunca será o suficiente. Mesmo quando os nossos recursos são incrementados, os dos nossos concorrentes também são, o que acaba resultando num impasse entre duas forças iguais, em que não pode ser vislumbrado um vencedor. Esse é um ciclo vicioso, em que cada um dos lados sempre faz um "esforço um pouco maior", criando empates sucessivos. O problema é que "só um pouco mais" nunca vai funcionar.

Com muita freqüência, ignoramos o conselho do estrategista:

Não renove um ataque na mesma linha (ou com a mesma formação) que falhou anteriormente.

A mensagem é clara: a solução não está no esforço puro e simples, mas na inteligência e vivacidade. As grandes inovações não caem do céu: elas são planejadas.

Os generais dizem que, para vencermos uma guerra, faz-se mister:

Deslocar o inimigo e explorar esse deslocamento.

Devemos adaptar esses conceitos referentes às batalhas militares para o das batalhas mentais que travamos diariamente, visando capturar a atenção dos outros para as nossas idéias, serviços e produtos. A maneira de despertar esse interesse consiste em causar impacto. Para consolidar o interesse, devemos aproveitar a situação provocada e conquistar o nosso lugar no imaginário das pessoas.

O impacto nunca pode ser produzido de maneira deselegante ou grosseira, mas sim de maneira agradável. No entanto, para que a nossa mensagem consiga surtir efeito, ela deve provocar comoção na mente das outras pessoas — ou seja, chamar a atenção.

Quando eu quis vender um produto licenciado com a marca da Pantera Cor-de-Rosa, ofereci de brinde panteras gigantes cor-de-rosa como prêmio na compra de uma quantidade preestabelecida de produtos. O impacto foi produzido pelo tamanho descomunal do brinde, e o imaginário do meu público foi conquistado pela vontade de possuir esse brinquedo único: todo mundo queria uma pantera de quase dois metros de altura para dar de presente às crianças. Quanto mais crianças para presentear, mais produtos da Pantera Cor-de-Rosa tinham de ser encomendados. Uma idéia genial.

As panteras gigantes eram entregues aos compradores em potencial junto com um cartão na mesma cor do brinde com a seguinte mensagem: "Tenho uma oportunidade que vai deixar tudo cor-de-rosa para você. *Assinado*: Gerald Michaelson." O sujeito que recebia o brinde talvez nunca tivesse ouvido o meu nome, mas isso não era importante, pois eu não esperava que ele me ligasse. Depois de efetuadas as entregas, esperei alguns dias até iniciar as ligações para os clientes. Das recepcionistas, os comentários invariavelmente tinham o mesmo teor: "Ele quer falar com você." Sem dúvida, era essa a atmosfera que eu desejava criar. Produzido o impacto, consolidei o resultado da ação com uma visita pessoal em que expunha todas as vantagens que tinha a oferecer ao cliente. Uma jogada de mestre.

Quando, em outra ocasião, uma senhora não recordava ter recebido um material de divulgação enviado por mim, mandei-o novamente dentro de uma caixa junto a um *cookie* de chocolate do tamanho de uma *pizza*. Na superfície do confeitado, mandei fazer uma inscrição de glacê: "Aqui vai o *cookie* que acompanha o material." Quando liguei novamente, a senhora em questão me disse: "Fiquei encantada com a surpresa. Para quando posso esperar a sua visita?" Mais uma jogada de mestre.

Na promoção de um livro a respeito do problema da capacidade ociosa dos mercados, mandei, junto à obra, 25 tipos de caixas de *cookies* de chocolate para escritores especializados em negócios. Quando a promoção de um concurso que envolvia o meu mais novo produto foi estampada nas embalagens dos cereais Kellogg's, distribuí caixas do cereal entre os vendedores para que as presenteassem aos varejistas cujas lojas vendessem o produto. Grandes inovações.

Quando um jovem australiano quis arranjar uma entrevista de emprego numa agência de publicidade cujo principal cliente vendia roupas esportivas, não se limitou a enviar o *curriculum vitae*: "abriu as portas" fazendo uma combinação com o zelador do prédio para que, pela manhã, seu currículo fosse encontrado preso na porta de entrada da sala do diretor da agência, afixado por um prendedor de metal no formato de um tênis. Junto ao currículo, o jovem elaborou uma mensagem oportuna à situação. Não só arranjou a entrevista, como também foi contratado. Uma nova jogada de mestre!

Para um evento nacional do comércio, bolei um grande *display* com um milhão de dólares em notas de um para ilustrar a oportunidade de lucros que oferecíamos. As objeções de alguns céticos desapareceram quando o presidente da companhia declarou-se favorável à promoção. O dinheiro foi agrupado em pacotes de mil notas, cada um com uma altura de 72 notas e 14 de comprimento. Os pacotes foram empilhados numa grande urna de vidro em formato de torre, imponente em sua altura. A iniciativa custou bastante dinheiro, mas o resultado foi impressionante — nós triplicamos o volume de vendas. Que inovação!

Quando fomos inundados pelas encomendas e os resultados tornaram-se evidentes, ninguém mais questionou o custo da promoção, o que prova que as grandes iniciativas produzem grandes vitórias. Além disso, a força da vitória sobrepuja as críticas. Melhorias progressivas são importantes; porém, os grandes saltos ocorrem quando planejamos a grande inovação.

Utilize iniciativas extraordinárias

Iniciativas extraordinárias geram resultados extraordinários. Sun Tzu disse:

> *O comandante que sabe usar as forças extraordinárias tem em suas mãos recursos infindáveis como o céu e a terra, inexauríveis como o fluxo dos rios.*

Quando se faz referência aos recursos infindáveis, isso significa simplesmente que uma mente criativa consegue criar uma variedade inesgotável de maneiras que levam ao extraordinário.

Resumo

Produza um impacto nos outros, mas de forma agradável.
Conquiste as outras pessoas oferecendo vantagens reais.
Parta para as grandes inovações.

TENHA O SEU PLANO

O general que obtiver muitos pontos durante as avaliações no templo terá mais chances de vencer do que o general que obtiver menos pontos durante as avaliações.

— *Sun Tzu*

Com muita freqüência, o planejamento é um processo mental, uma idéia que se encontra somente em nossa cabeça enquanto analisamos o passado e o adaptamos para o futuro. A isso os marinheiros chamam "navegar olhando para a esteira".

Na guerra, os generais são unânimes em afirmar que nenhum plano sobrevive à primeira batalha. O mesmo pode ser dito, via de regra, a respeito da nossa vida: eventos exteriores influenciam o sucesso do nosso plano. Não permita que esses fatores detenham você de planejar. Sem um plano de ação, nunca daremos início à busca em direção aos nossos objetivos. Devemos considerar o plano como a base de nossas mudanças. Certa vez o presidente Harry Truman disse:

Sempre que eu tomo uma decisão burra, vou em frente e tomo outra decisão burra.

Coloque o seu plano no papel

O plano só existe quando está na forma de documento escrito. De outra maneira, ele não passa de um sonho, ou visão — ou mesmo de um pesadelo. Nós não temos um plano *até* colocá-lo no papel.

Rudyard Kipling escreveu:

Possuo seis servos leais.
Que me ensinaram tudo quanto sei.
Seus nomes são: Que, Onde e Quando.
Por Que, Quem e Como.

Respondendo às perguntas lançadas pelos "servos leais" de Kipling, dispomos de um formato simples para colocar no papel o nosso plano.

Por que estou tomando este rumo de ação?
O que pretendo alcançar?
Como devo proceder?
Quando devo colocar as idéias em prática?
Onde elas serão postas em prática?
Quem vai estar envolvido na ação?

Não é fácil responder estas perguntas a não ser por escrito. Tom Monaghan, fundador da Domino's Pizza, disse:

A escrita é fundamental para o meu sistema. Sempre levo comigo um bloco de notas onde anoto todos os meus pensamentos, planos, sonhos e análises de problemas. Muitas vezes vou escrevendo em diversos blocos, cada um para um tipo diferente de pensamento. Tenho guardados algumas dezenas de blocos cheios, apesar de nunca relê-los. O importante é o pensamento que acompanha a escrita, e não o que está no papel. Quando escrevo, estipulo objetivos de longo prazo, objetivos anuais, mensais, semanais e diários. A lista de objetivos diários toma a forma de lista de coisas a fazer. Os objetivos de longo prazo são sonhos por escrito.

Em vez dos blocos amarelos de Monaghan, eu já prefiro um atraente caderno com capa dura que custa dez dólares nas livrarias. Outras pessoas preferem ainda agendas com calendário. Seja lá qual for o seu sistema, o importante é tomar nota de tudo de forma organizada, o que o tornará mais produtivo.

Adapte-se às circunstâncias

Os nossos planos devem ser flexíveis e adaptáveis às circunstâncias. Como uma árvore, o plano deve ter ramos para que possa dar frutos. Um plano que não dê margem a opções é como uma terra estéril.

Sun Tzu disse:

As táticas mudam numa infinita variedade de combinações possíveis, adequadas às circunstâncias.

Nunca um plano único funciona para todo mundo em todas as situações. Caso o nosso plano seja rígido demais, não seremos capazes de ajustá-lo às circunstâncias. O planejamento é um processo de compreensão do que está acontecendo ao nosso redor em situações de constante mutação, que exigem adaptações feitas com energia e determinação.

A intuição que gera as grandes estratégias e os grandes planos só pode ser desenvolvida quando estamos em contato com a realidade. O nosso planejamento não pode ser feito no vazio. O plano vitorioso é incubado no ambiente propício do conhecimento — conhecimento dos nossos objetivos e dos meios de como alcançá-los.

Moisés trouxe da montanha apenas dez mandamentos para serem seguidos. O exército dos EUA expôs apenas nove princípios de guerra. Em Gettysburg, Abraham Lincoln não levou mais de dez minutos para proferir o seu discurso. Com muita freqüência, mas com muita freqüência mesmo, "menos é mais". O seu plano de sucesso não precisa ser complicado, pois um plano simples é mais fácil de ser posto em prática.

Listo abaixo três regras básicas para implementar o seu plano:

1. *Estabeleça um objetivo e um calendário de ação*. Apesar de não podermos ser o "número um" em tudo, podemos sê-lo em algo.
2. *Dê início ao plano*. Quanto maior for a sua iniciativa, maior será a sua energia e mais rápida a sua trajetória rumo ao sucesso.
3. *Potencialize todos os seus* ganhos. Use cada êxito alcançado para impulsioná-lo ao próximo nível.

Desenvolva um plano para o futuro que preveja os passos a serem tomados de acordo com o seu sucesso ou fracasso. O bom planejamento sempre leva em conta as alternativas à disposição. Não se fie em suposições. Imagine o pior que pode acontecer e fique precavido. Frederico, o Grande enunciou:

Não existe desonra em ser derrotado numa batalha renhida. Mas não existem desculpas para quem é pego de surpresa.

Resumo

Tenha em mente que todo plano é um plano de ação.
O plano que não é posto em prática é uma perda de tempo.
A ação sem planejamento é uma receita certeira para o fracasso.

PARTE TRÊS

Táticas para o Sucesso

Introdução

COORDENE AS TÁTICAS COM A ESTRATÉGIA

Em toda hierarquia, a estratégia de um nível será com freqüência a tática do próximo nível. É dessa maneira que o plano geral torna-se cada vez mais específico e particular à medida que as ações vão sendo tomadas nos escalões da empresa.

A estratégia e as táticas devem estar em sintonia, pois quando ocorre a separação do planejamento e da implementação, separamos o pensamento da ação. Dessa maneira, a responsabilidade fica difusa.

Francisco Pizarro coordenou estratégia e táticas para conquistar o império dos Incas com apenas quatro dúzias de cavalos e algumas poucas centenas de homens.

- **Estratégia:** Estabelecimento de um método de comunicação.
- **Tática:** Pizarro conseguiu um intérprete — Felipillo.

- **Estratégia:** Comunicação eficaz.
- **Tática:** Por intermédio de Felipillo, os espanhóis seduziram os índios com uma retórica vencedora.

- **Estratégia:** Implementação de atividades que servem de apoio à comunicação.
- **Tática:** Ouro e comida foram conseguidos em troca de bugigangas. A amabilidade estava na ordem do dia. Aos seus homens, Pizarro alertou: "Não toquem em nada; respeitem os habitantes."

- **Estratégia:** Jogar uma tribo contra a outra e alimentar uma guerra civil entre os chefes indígenas.
- **Tática:** Os espanhóis atacaram os inimigos dos Incas (e dessa maneira não foram considerados o inimigo).
- **Estratégia:** Selecionar o lugar e a hora certa para a batalha decisiva.
- **Tática:** A "Batalha de Waterloo" dos Incas foi a Batalha de Cajamarca.

Muitos afirmam que foi o cavalo que conquistou o Peru. Os índios foram atacados por homens bem armados a cavalo (animais que eles nunca tinham visto). É interessante como a sorte parece andar de mãos dadas com aqueles que conseguem coordenar o planejamento estratégico com a implementação tática.

TOME A OFENSIVA

As chances de vitória residem no ataque.
Em geral, o exército que ocupa primeiro o campo de batalha e lá espera o inimigo está em situação favorável.

— *Sun Tzu*

As chaves para uma ofensiva bem-sucedida são a informação, a preparação e a habilidade. A norma geral que podemos observar por aí, ao contrário, é a falta de informação ou a confusão, a falta de tempo de preparação e a insuficiência de treinamento.

Dê início à ação

A maneira mais eficaz e decisiva de alcançar um objetivo é quando conseguimos aproveitar, reter e explorar os frutos das nossas iniciativas. A situação fica sob o nosso controle quando estamos na ofensiva, forçando o inimigo, em vez de agir, a reagir. Um antigo provérbio diz que "o primeiro tiro de canhão vale por dois".

É somente quando atuamos na ofensiva, marchando resolutamente em direção aos nossos objetivos, que conseguimos preservar a liberdade de ação. Quando ficamos para trás, muitas das nossas ações são reações ao líder. Ultrapasse-o e tome a liderança.

Em toda ofensiva, a atividade mental tem primazia sobre a atividade física. Conseqüentemente, a ofensiva pode ser caracterizada, via de regra, como um salto no escuro baseado na confiança em nossos instintos. Existem duas maneiras de lançar-se ao ataque:

1. *Planeje tudo detalhadamente e depois siga em frente*. Em geral, a preparação não passa de uma desculpa para adiar o compromisso assumido. Apesar de não devermos negligenciar a preparação, ela não pode ser um empecilho para atrasar a ação.
2. *Determine os objetivos e depois siga em frente.* Podemos, nesse caso, pormenorizar os detalhes à medida que o nosso ataque ganha corpo.

Existem claramente duas escolhas: seguir se preparando ou seguir em frente. As chances para o sucesso estão no lado da ação.

Certa vez o diretor de uma prestigiosa faculdade de direito comentou que o advogado é treinado para examinar os dois lados de uma situação, e que isso não vale para os administradores. Segundo o diretor, no mundo dos negócios, é melhor tomar uma decisão rápida do que gastar muito tempo na análise de uma situação.

Mantenha sempre a dianteira

A inatividade e a estagnação produzem mais danos por causa das oportunidades perdidas do que as escolhas malfeitas de metodologia. São os generais que asseguram:

Se você quer saber como está uma situação, parta para a briga e descubra.

O ataque é originado em nossa mente antes de ser transposto para a esfera da ação. Quando fico no escritório por uma semana, gero atividade suficiente para outra semana dentro do escritório. Da mesma maneira, quando passo uma semana em trabalho de campo, gero atividade para outra semana fora do escritório. Entretanto, existe uma diferença crucial entre a produtividade resultante das ações de gabinete e de ações de campo.

Eu testemunhei um problema nascido dessa diferença quando trabalhava para uma empresa de grande porte, listada entre as quinhentas maiores da revista *Fortune*. O seu presidente, que passava semanas despachando em sua sala, tomava decisões baseadas na experiência pessoal. Nas poucas ocasiões em que visitava os nossos clientes, voltava para o escritório cheio de idéias. Infelizmente, as ações tomadas a partir delas eram erradas, pois baseavam-se em poucas conversas com clientes de um mesmo mercado.

Desenvolva o senso de oportunidade

Tudo o que fazemos deve estar imbuído do espírito de oportunidade.

Raramente as oportunidades bateram à minha porta. Ao contrário, fui encontrá-las fora do escritório. Talvez o maior proveito que já tirei das visitas a clientes não foi o fato de tomar a iniciativa rumo à liderança, mas sim de encontrar as oportunidades de atualização que me mantiveram na dianteira profissional. Sempre que aguardei as informações serem filtradas pela burocracia, acabei me lançando à ofensiva tarde demais.

Em suas atividades, busque interagir com as pessoas que podem levá-lo a alcançar os seus objetivos. Isso o ajudará a colocar-se como o mestre da situação. Quando nos dirigimos corretamente para o local "onde as coisas acontecem", as decisões sobre o que fazer são tomadas com naturalidade.

Tenha em mente rotas alternativas

Sun Tzu aconselhou:

O exército deve estar a par das cinco situações de ataque e esperar pela situação favorável.

Existem maneiras de tomar a iniciativa:

- *Lance um ataque direto.* Em geral não é a mais aconselhável para alcançar os seus objetivos. Ela é válida somente quando a sua força sobrepuja largamente a do concorrente.
- *Use uma abordagem indireta.* Em vez de dizer o que a outra pessoa deve fazer, o melhor é apresentar dados e fazer perguntas, deixando que o seu interlocutor sugira uma sugestão para o problema; ou seja, deixe a outra pessoa pensar que a solução partiu dela.

  Utilizando também um expediente indireto, as organizações de caridade promovem eventos para arrecadar dinheiro em vez de implorarem por doações.
- *Seja um guerrilheiro.* O guerrilheiro escolhe os locais de ataque que lhe são mais vantajosos. A guerrilha vence por meio de uma série de pequenos golpes que fragilizam gradualmente o inimigo.

Regras a serem observadas com a máxima atenção numa manobra ofensiva

Listo abaixo algumas regras que serão de extrema importância para você manter-se na posição ofensiva:

1. *Profissionalismo*. Em seu livro, *The Exceptional Executive*, Levinson assim definiu a importância do conhecimento para um profissional:

   Um profissional é aquele que consegue entender e colocar em prática o conhecimento científico. Tendo em mãos o conhecimento, decide qual o melhor caminho a tomar em sua ação. Dessa maneira, mantém o controle sobre o seu trabalho e sobre si mesmo.

   O conhecimento é crucial em sua área de especialização, pois é ele que bombeia o sangue para o sucesso.
2. *A rede de contatos funciona como um filtro*. Faça contatos de modo continuado com pessoas de áreas diversas.
3. *Disciplina*. Planeje o seu trabalho e trabalhe de acordo com o seu plano.
4. *Faça a diferença*. No esporte, o atleta que faz a diferença é aquele que desequilibra uma partida, que faz coisas boas acontecerem à equipe. Esforce-se para tornar-se um diferencial positivo.
5. *Mantenha-se na crista da onda*. Esteja por dentro das mais novas tecnologias. Por exemplo, a utilização de uma câmera digital é uma maneira interessante de mostrar imagens a pessoas de maneira divertida e animada.
6. *Estreite as amizades*. Um bilhete de agradecimento escrito à mão é uma iniciativa que foge do comum na arte de demonstrar apreço aos outros e de receber atenção em troca. O passo seguinte para estreitar uma amizade é enviar cópias de artigos que interessem à pessoa em questão.
7. *Volte-se para a ação*. Mantenha as coisas em movimento criando planos de ação continuada. Envolva os outros no processo de planejamento.

Resumo

Tome a iniciativa da ação.
Desenvolva o senso de oportunidade
Mantenha-se em constante movimento.

TENHA AGILIDADE

A essência da guerra é a velocidade.

O que mais se valoriza numa guerra é a vitória obtida de modo rápido, não mediante operações prolongadas.

— *Sun Tzu*

A velocidade está na essência da arte da guerra e na da vitória.

Comece imediatamente

Todas as conseqüências positivas da velocidade são dividendos de uma manobra de ataque feita com antecedência. Quanto menos você retardar a ofensiva ...

- Mais preparado você estará para enfrentar os contratempos.
- Mais despreparado estará o seu concorrente.
- Mais oportunidades surgirão para você surpreender.

O general Patton declarou que um plano desenvolvido de forma parcial, mas executado violentamente, é superior a um plano perfeito, mas executado com atraso. Em geral, o que impede o nosso progresso é a falta do sentimento de urgência. O problema não está apenas em agir rapidamente, mas sim, em primeiro lugar, a tomar a decisão de agir.

Will Rogers disse:

Mesmo se você encontrar-se na pista certa, será atropelado se estiver parado.

Quando deixamos para depois as decisões a serem tomadas, alguém as tomará por nós. É inegável a importância de examinar o problema e de buscar soluções antes de prosseguir com a ação, mas devemos tomar cuidado com a paralisia que pode seguir ao excesso de análise. Napoleão comentou que duas terças partes do processo decisório consistem em análise das informações; já a terça parte final é sempre um salto no escuro.

Apesar de ser desejável ter acesso a informações adicionais, nunca teremos todos os dados suficientes, assim como o nosso rival também não. Os vencedores são aqueles que seguem em frente, sempre lutando, até a linha de chegada. Já os perdedores nunca param de pesquisar, sempre em busca de um "plus" que não existe.

O tempo é o nosso inimigo. Por essa razão, muitas decisões devem ser tomadas com base no instinto. Não trilhar um caminho é uma decisão. Na nossa vida, as oportunidades aparecem e desaparecem, sejam elas na carreira, nos relacionamentos, enfim, em tudo o que fazemos.

Sabendo que as tropas de Napoleão marchavam a 120 passos por minuto, enquanto as tropas inimigas atinham-se aos tradicionais setenta passos, entendemos a vantagem obtida por Napoleão, que tanto contribuiu para o seu sucesso. Pense nas vantagens advindas da capacidade de reduzir em 50 por cento o tempo necessário para iniciar uma ação.

A iniciativa de entrar em ação rapidamente influi positivamente em nosso ânimo. Um escritor dos tempos antigos assim explicou o efeito moral numa guerra:

> *O ataque inspira o soldado... e atemoriza o inimigo. O lado que está sob ataque sempre sobrestima a força do agressor.*

A velocidade das hordas mongóis invariavelmente emprestava a elas uma força superior num ponto decisivo da guerra, o que não deixa de ser o objetivo último de todas as táticas. Ao tomar a iniciativa e explorar ao máximo a mobilidade de suas tropas, os comandantes mongóis quase sempre tinham em mãos o poder de escolher o ponto decisivo.

Resolva as rixas rapidamente

O conceito de rapidez de movimento aplica-se também para resolver os problemas entre as pessoas dentro do escritório. É importante não demorar para achar uma solução para eles. O bem-estar mental de uma equipe depende em grande medida de serem resolvidas as brigas, discussões e rivalidades de forma definitiva. Sun Tzu aconselhou:

> *Mesmo que a pressa seja uma inimiga do guerreiro, nunca se ouvirá falar de uma operação militar inteligente que tenha sido demorada. Nunca houve um caso em que uma guerra prolongada tenha trazido benefícios a um país.*

A disputa histórica entre os Hatfields e os McCoys é um exemplo clássico de uma contenda levada ao extremo. Toda discussão tem apenas duas dimensões: tempo e profundidade. Quanto mais antigo é o desacordo, mais profundas serão as cicatrizes emocionais por ele deixados. O ódio cresce com o tempo. Uma frase comum a respeito desse sentimento é "quanto mais pensava no assunto, mais bravo ficava". O conselho para essa situação é sempre o mesmo: "Dê a volta por cima e toque a sua vida para a frente."

Resumo

Imponha datas para cada ação.
Desenvolva o sentimento de urgência.
Siga em frente e faça o trabalho até o fim.

GANHE FORÇA

Quando as águas torrenciais arrastam grandes pedras em seu curso é por causa do seu ímpeto.

A sua energia será igual à de uma besta perfeitamente retesada.

A energia do guerreiro exímio é arrasadora.

— *Sun Tzu*

O sucesso requer não apenas velocidade no ataque inicial, mas uma continuidade a essa iniciativa, que pode ser comparada a uma força motriz.

A manobra de ataque é um processo contínuo. Quando possuímos essa força motriz, temos a liberdade de ação, ou, em outras palavras, a oportunidade de tomar as decisões corretas pensando no longo prazo.

São estes os componentes principais da força motriz de ataque:

- *Nós nos sentimos protegidos da queda quando estamos em ascensão*. É fácil de entender que toda ação construtiva ou todo grau de sucesso gera emoções positivas. Clausewitz dizia que a perseguição é tão importante quanto o ataque. Mantenha-se em movimento.
- *Um processo rápido de tomada de decisões gera uma execução rápida*. Quanto mais curto for o tempo para tomar uma decisão, mais cedo ela será comunicada, o que possibilita que as coisas andem de forma rápida, conspirando para o sucesso da operação. Ao contrário, as decisões demoradas perdem inevitavelmente os

seus aspectos positivos. Quando esperamos muito para tomar uma decisão, os nossos concorrentes têm tempo de se preparar e nossos aliados perdem a paciência.

- *Uma ação rápida é sinônimo de ação simultânea*. Quando as engrenagens estão bem azeitadas, fica mais fácil coordenar todas as ações numa única força.

Resumo

O nosso inimigo é o tempo para tomar a decisão.
A liberdade de ação nasce da força.
Manter-se em movimento é mais fácil do que entrar em movimento.

TIRE O MÁXIMO DAS OPORTUNIDADES

Um comandante experiente, portanto, sabe da importância de tirar proveito das situações.

— *Sun Tzu*

O sucesso gera sucesso. As duas variáveis de toda equação para o sucesso são um passo inicial bem-sucedido e a posterior alavancagem de mais êxito a cada nova vitória.

As alavancas do sucesso

A primeira regra para fomentar o sucesso é preparar o terreno visando colher os resultados. A busca de resultados imediatos, sem que se dê nada em troca, produz uma pressão que destrói relacionamentos. Da mesma maneira, a pessoa que busca o sucesso sem lutar por ele verá o seu trabalho resultar em nada.

Um exemplo de alavancagem produtiva são os programas de fidelidade das companhias aéreas. Eles foram bem-sucedidos porque deram ao cliente o poder de estreitar o seu relacionamento com as empresas. Quanto mais as companhias aéreas atendem as reivindicações dos clientes, mais elas prosperam.

Podemos tirar o máximo proveito das oportunidades em várias esferas da vida social — por exemplo, no trabalho voluntário para entidades de caridade. As oportunidades são ilimitadas, mas o seu tempo não. Por esse motivo, devemos priorizá-las de acordo com os nossos objetivos. David Thiel, fundador da Auragen Communications, utilizou o seu trabalho voluntário nessas organizações como trampolim às suas aspirações políticas. Por ter participado ativamente em entidades como a United Way é que Thiel veio a entender o funcionamento da comunidade em que estava inserido. Ao ajudá-la, ele utilizou o seu tempo para ganhar conhecimento e formar uma rede de contatos. Contatos que acabaram sendo preciosos para os seus negócios e metas pessoais.

Não é necessário muita coisa para exercer a liderança nessas organizações: basta fazer parte delas e ser prestativo. As entidades de caridade propiciam real satisfação a quem desempenha um papel efetivo nelas. São também fontes de contatos que podem ser de grande utilidade em outras situações.

Sempre que travamos relações com alguém, os laços podem ser estreitados e vir a ser de grande proveito para nós. No esporte, o atleta sabe que, se jogar bem, ganhará o reconhecimento do seu treinador e, assim, será o titular.

O progresso na carreira está em íntima relação com esse princípio. Freqüentar uma boa escola é um fator importante para conseguir o primeiro emprego. Ser contratado por uma companhia de boa reputação é uma chance para passar a um emprego melhor em outra empresa. As promoções servem como um propulsor da carreira dentro de uma companhia e também no mercado.

Uma pergunta que devemos fazer a respeito de nossa carreira é se o passo que pretendemos dar nos ajudará a tirar o máximo proveito das nossas potencialidades. Permanecer numa empresa e fazer uma carreira nela pode ser muito bom, mas devemos estar sempre abertos a novos desafios.

Um respeitado professor de uma universidade aconselhou que devemos ter cinco empregos diferentes nos primeiros cinco anos de nossa carreira — e sermos demitidos de um deles. É um bom conselho? Talvez. Examinemos o seu raciocínio:

1. *Cinco empregos diferentes nos primeiros cinco anos de carreira:* Esse conselho tem como intuito dar experiência ao profissional dentro de empresas diferentes. Pular de um emprego ao outro pode não ser o mais adequado; porém, ficar de olhos bem abertos para novas oportunidades sem dúvida é. Depois de alguns anos de formado, notei que os colegas mais velhos encontravam dificuldades de encontrar novas oportunidades para progredirem em suas carreiras. O conselho do professor encorajou-me a procurar um novo emprego, que encontrei com bastante rapidez.

2. *Seja demitido de um deles:* "Que horror!", dirão. Quem deseja ser demitido? A questão aqui é que devemos ser suficientemente agressivos a ponto de colocar até mesmo o nosso emprego em risco. Em determinadas ocasiões, são as decisões arriscadas que garantem os grandes lucros. O sucesso requer o risco calculado.

Ser bem-sucedido sem ter alargado a sua base de sustentação torna-o vulnerável. O remédio para esse problema é tirar o máximo proveito das situações para ganhar poder.

Quando você entrar em um novo emprego, pense cuidadosamente no seu comportamento no primeiro dia na empresa, assim como na sua primeira semana no novo local de trabalho. A impressão causada servirá de alavanca profissional. Nesse caso específico, talvez a melhor ação seja a não-ação; ou melhor, procurar escutar atentamente tudo o que os seus colegas têm a lhe dizer.

Uma maneira encontrada por um diretor de hospital, que acabara de assumir o cargo, para estreitar os laços com a sua equipe, foi o de gravar com uma câmera de vídeo o primeiro contato com os subordinados, na entrada privativa dos funcionários. Dessa maneira, conseguiu decorar nomes e gravar os rostos do *staff*. Essa ação simples assinalou o início de um relacionamento que fortaleceu a sua liderança.

A alavancagem é um instrumento da comunicação bem-sucedida. Ela consiste em convencer uma pessoa a aceitar os nossos argumentos secundários até que ela aceite o nosso argumento principal.

Faça uma lista de oportunidades

Um amigo meu, que entrou num negócio em sociedade, me disse que, após terem perdido uma venda, o seu sócio fez o seguinte comentário sobre as ações necessárias para serem bem-sucedidos:

As oportunidades perdidas se devem muitas vezes a circunstâncias acima do nosso controle, como a falta de caixa do cliente, ou a mudança de emprego do comprador. Devemos, então, ter dez oportunidades na manga para que uma dê certo.

Depois de ouvir esse comentário, eu sempre faço a minha lista dos "dez negócios garantidos". Algumas vezes, faltam negócios para completar os dez da lista, mas isso acaba servindo de estímulo para que eu busque novas oportunidades, além de servir de antídoto contra o desânimo quando as coisas parecem dar errado, pois sei que, se uma oportunidade não floresce, posso cultivar as outras. Simultaneamente, busco substituir a oportunidade perdida por uma nova.

Comece agora

O *timing* é de grande importância para tirar o máximo proveito das oportunidades. O problema em geral não está nas coisas que devemos fazer nos próximos dias, ou mesmo nas próximas horas, mas sim naquilo que planejamos fazer no próximo ano, ou ainda no outro.

Novamente, a solução está em estabelecer objetivos de longa duração e uma agenda de execução das atividades a curto prazo.

Resumo

Alcance o primeiro sucesso.
Ele servirá de alavanca para o próximo nível da sua carreira.
Tire o máximo proveito de todas as oportunidades.

SEJA PERSISTENTE

Para sobrepujar o inimigo, basta que o comandante se dedique a perseguir os desígnios de sua própria estratégia.

Isso é suficiente para que seja capaz de tomar as cidades inimigas e derrubar o seu regime.

— *Sun Tzu*

Depois de decidida a forma de ação, mantenha-se fiel a ela, pois é dessa maneira que a sua atuação ganha força e consistência.

Determine a implementação de uma metodologia

O seu plano pode ser levado a cabo de forma seqüencial, cumulativa ou simultânea.

Implementação seqüencial: A implementação por meio desse método se dá passo a passo, sendo que o sucesso de um reforça o próximo.

A conquista do Pacífico pelo general MacArthur, feita ilha por ilha, é um exemplo de operação seqüencial.

Uma busca de emprego levada a termo de forma seqüencial seria, ao enviar um currículo, que esperássemos a resposta até enviar o próximo currículo, obviamente uma idéia não muito brilhante na maioria dos casos. Em contrapartida, a nossa trajetória profissional é sempre constituída de passos dados de forma seqüencial, um após o outro, cada um tornando o próximo possível.

Implementação cumulativa: O método cumulativo de realizar um projeto baseia-se na idéia de termos um feixe de atividades de naturezas diversas e sem conexões evidentes entre si que, finalmente, acabam convergindo para um mesmo ponto.

O ataque no Pacífico dos submarinos norte-americanos é um exemplo de uma série de eventos sem relação um com o outro que acabaram resultando no efeito planejado.

Um programa de boa forma física que envolva exercícios e dieta controlada é outro exemplo de método cumulativo para se alcançar o bem-estar com o nosso corpo.

Uma busca cumulativa de emprego pode ser caracterizada por uma série de ações desenvolvidas num determinado período de tempo, tais como contatos sociais feitos em eventos, envio do currículo, conversas com amigos e consultas com *headhunters*. Esse é o tipo de atividade em que procuramos "sentir o clima" para ver o que existe disponível para nós.

Implementação simultânea: Caracteriza-se por ser um ataque maciço em que um esforço concentrado é feito numa frente ampla num curto período de tempo.

O *blitzkrieg* das forças alemãs nos Países Baixos durante a Segunda Guerra é um exemplo de esforço simultâneo.

Qualquer projeto em que são concentrados contatos múltiplos num curto período de tempo pode ser chamado de uma *blitz*. Por exemplo, podemos dar uma enxurrada de telefonemas e de e-mails a fim de arranjar entrevistas de emprego. Esse tipo de ação é comumentemente tomada por políticos às vésperas das eleições.

A persistência é o que conta

O almirante Rickover descobriu que conseguir o financiamento para o programa de submarinos nucleares da marinha norte-americana era quase tão difícil quanto projetá-los e construí-los. Rickover nos lembra que:

> *As boas idéias não são adotadas automaticamente. Para serem levadas a cabo, devemos estar munidos de uma paciência corajosa.*

Os treinadores esportivos são lacônicos ao dizerem que "quando somos derrubados, devemos nos levantar". Da mesma forma, sempre que as nossas idéias são arrasadas, não podemos nos abater. Se estamos redondamente enganados, devemos nos erguer. A nossa missão pessoal deve ser tomar de assalto a próxima barricada.

Toda a implementação é tomada tendo em vista objetivos bem definidos. Por exemplo, um atleta que treine para uma competição provavelmente será mais bem-sucedido com uma implementação seqüencial; ou seja, com melhorias realizadas um passo por vez. Um gerente que busque construir uma empresa mais forte provavelmente descobrirá que o método que mais lhe convém é o cumulativo, pelo qual manter-se-á à procura de novos profissionais capazes para reforçar a sua equipe. Entretanto, se ele precisar contratar rapidamente para preencher vagas com urgência, uma *blitz* talvez seja o modo mais adequado de agir.

Resumo

A implementação seqüencial requer persistência a cada passo dado.
A implementação cumulativa requer persistência para darmos os passos sem conexão aparente um com o outro.
A implementação simultânea requer a persistência para a execução de medidas rápidas numa frente ampla.

OCUPE OS TERRENOS ALTOS

Em geral, na batalha e nas manobras, todos os exércitos preferem os terrenos altos aos baixos.

— *Sun Tzu*

Dois mil anos depois de Sun Tzu, Frederico, o Grande enunciou:

A primeira ordem que dou é que o exército ocupe as altitudes.

A pergunta que devemos fazer não é se devemos ocupar ou não os terrenos altos, mas, afinal de contas, o que isso quer dizer.

Em todo empreendimento, o "terreno alto" pode significar tanto uma realidade material quanto mental vantajosa. Os reforços mentais e materiais apóiam-se mutuamente. Por exemplo, uma maior segurança material gera mais saúde mental. Igualmente, uma mente sã nos conduz a atividades que corroboram a saúde física.

Ocupe um terreno mental vantajoso

O fundamento da ocupação do terreno mental vantajoso está em nossas crenças morais, na integridade pessoal e na motivação para o sucesso.

Crenças morais: Acima de tudo, o terreno mental vantajoso baseia-se numa posição moral. É por meio dela que temos a crença sobre "o lado certo" de nosso posicionamento. Ao discutir a força da moral num capítulo anterior, demonstramos como o nosso interior emocional pode construir ou sabotar o nosso exterior. A batalha por um terreno moral vantajoso é travada em nossa mente e na mente dos nossos competidores. Boa parte da vida se constitui nessas batalhas mentais, pois o maior acesso que temos ao nosso interior é por meio das emoções. A lógica pode parecer de grande valia na hora da persuasão, mas são as emoções que desempenham um papel poderoso para determinar o curso de nossas ações.

Integridade pessoal: Coloco aqui em nova perspectiva um assunto também discutido antes. Certa vez um jovem me disse que para ele era muito fácil criar relacionamentos profissionais. "Tudo o que devemos fazer", comentou ele, "é dizer a verdade." Ótima idéia! O problema é que as verdades são difíceis de serem apreendidas. O que pode nos parecer uma verdade patente num dia, pode ser desconsiderada no outro, ou tratada como um mito. Como prova disso, basta olhar para o mundo em constante mudança da medicina e de seus diagnósticos. A respeito de certos tratamentos, é comum os médicos dizerem que "isso não é mais assim hoje em dia". As verdades mudam. Os fatos podem nos escapar como a areia entre os dedos.

Um sábio disse há muito tempo atrás: "Todas as generalizações são falsas, inclusive esta." Certamente, uma maneira de não emitir falsos juízos ou opiniões é nunca emiti-los. É óbvio, no entanto, que essa não é uma solução.

Não existe problema em ter uma posição definida, mas deixe a mente aberta, pois a busca pelo melhor nunca acaba.

Motivação: Quantas vezes já não ouvimos dizer que, se não sabemos para onde estamos indo, toda estrada vai levar ao caminho errado? Em geral, a falta de uma direção vai gerar desmotivação. Quando perdemos o rumo, a pressa nos toma de assalto.

O guru da administração Peter Drucker levantou esse problema quando comentou:

Por experiência, sei que, sempre que alguém realiza um feito, trata-se de um monomaníaco imbuído de uma missão.

Em seu clássico *Psychocybernetics*, Maxwell Maltz examinou os temas da motivação e da orientação pessoal na busca de objetivos. A palavra "cyber" tem a sua raiz no grego — "timoneiro". Já que "psico" refere-se à mente, a psicocibernética lida com a "condução da mente", ou direções mentais.

Como cirurgião plástico, Maltz notou que algumas pessoas que passaram por cirurgias reconstrutivas sofreram mudanças psicológicas positivas, enquanto outras não. Por exemplo, certas pessoas que removeram cicatrizes do rosto adquiriram uma nova imagem pessoal. Já outras não mudaram em nada.

Maltz descobriu que a maneira como encaramos o presente e o futuro tem um grande efeito sobre o nosso modo de agir. As pessoas que têm objetivos claros na vida e se esforçam para alcançá-los possuem maior estabilidade emocional do que aquelas que não têm, do mesmo modo que o ciclista só adquire estabilidade enquanto pedala, mas cai se ficar parado.

Para simplificar a conversa, a jornada em direção aos nossos objetivos é mais importante do que alcançá-los. Ou seja, o que nos torna bem-sucedidos é a motivação para alcançar o sucesso. As ações baseadas em objetivos produzem grandes resultados.

Existem pilhas e pilhas de obras que nos ajudam a ter uma vida melhor. Mesmo um leitor voraz, que lesse um livro de auto-ajuda por dia, não conseguiria lê-los todos na duração de sua vida.

Quando entrevisto pretendentes a uma vaga de emprego, quase sempre pergunto quais foram os cinco últimos livros que a pessoa leu. Em geral tenho de ouvir alguma brincadeira por causa dessa pergunta insólita. As respostas variam desde aqueles que dão uma lista pormenorizada dos livros lidos àqueles que dizem só ler revistas. As respostas são como uma radiografia dos interesses dos entrevistados. O profissional que procuro é aquele em que noto, pelos livros que lê, um vivo interesse por melhorar pessoalmente. Desejo contratar profissionais que concentrem os seus esforços no aprimoramento pessoal e uma maneira de medir essa intenção é pelas leituras prediletas do candidato.

Nas entrevistas com o pessoal de vendas, sempre pergunto como aprenderam a vender. Certa vez um candidato respondeu: "Senhor Michaelson, eu tenho o dom natural para ser um vendedor." Balela! Não acredito nessa história de "dom natural"; desejo, isto sim, trabalhar com profissionais que estejam dispostos a aprender e a melhorar.

Assegure o bem-estar material

A batalha pelos "terrenos altos" em nossa vida é antes mental do que material. Entretanto, quando não conseguimos enxergar efetivamente o nosso progresso rumo à plenitude, perdemos a confiança na direção tomada.

Reforço da posição: Em todas as esferas de nossa vida (da família, da religião, da carreira, dos interesses gerais), a posição que ocupamos identifica o grau em que nos encontramos na escalada ao topo da plenitude pessoal, do "terreno alto". Essa posição serve concomitantemente de identificação e compensação, pois o processo de melhorias contínuas é uma garantia de estabilidade no terreno incerto da vida.

Segurança na carreira: Os rumos de uma carreira estão repletos de acidentes e percalços sobre os quais não temos o menor controle.

Um amigo meu, ao ver a empresa para a qual trabalhava ser vendida para um grande conglomerado, foi buscar um novo emprego. Recebeu uma excelente proposta de trabalho, a qual aceitou.

Ao aconselhá-lo durante esse processo de transição, sugeri que ele não destruísse o seu relacionamento com os seus antigos patrões, pois eles deveriam ser considerados potenciais empregadores no futuro. Mais tarde, esse amigo contou-me que, um dia após a entrevista de saída com um gerente sênior, recebeu um telefonema de outra divisão do conglomerado, chamando-o para uma nova entrevista. Seguindo o meu conselho, ele recusou educadamente o convite, dizendo que já havia aceitado outra oferta de emprego (ir para a entrevista mancharia a sua reputação). Porém, ele acrescentou que consideraria novas propostas de emprego após um tempo na nova companhia em seu novo cargo — essa atitude teve o duplo benefício de reafirmar a sua lealdade ao atual empregador e de deixar as portas abertas no futuro.

Essa cuidadosa orquestração de saída teve como resultado o reforço da segurança profissional desse meu amigo. O novo emprego propiciará a ele novas experiências que o tornarão mais cobiçado no mercado, inclusive para os seus antigos empregadores. Por algum tempo, ele se encontrará na posição confortável de possuir um ótimo emprego e de ter as portas abertas no antigo local de trabalho. A estrada para a segurança profissional foi solidamente pavimentada.

Saúde física e mental: A saúde mental nasce de alcançarmos o "terreno alto" tanto no corpo como na mente. Conquistar o equilíbrio da mente não assegura o nosso bem-estar corporal e a boa forma, pois um corpo sadio é antes fruto do condicionamento físico.

Nada define melhor a boa forma física do que os campeões dos Jogos de Inverno, cujos nomes e cujos feitos tornaram-se lendas do esporte. O foco desses atletas migrou do treinamento árduo para o treinamento inteligente.

O treinamento especial para um esporte não visa a mais uma prova em particular. Visa antes ao trabalho com os músculos específicos e também o treino dos movimentos estimulantes do sistema neuromuscular essenciais à vitória.

Os corredores de trenó duplo praticam a corrida de curta distância num estilo de pés rentes ao chão que os permitem adquirir velocidade para o salto na neve. Por outro lado, o treinamento ideal dos esquiadores de pista envolve manter os pés no ar a maior parte do tempo. Os esquiadores de fundo trabalham com a força da parte superior do corpo porque cientistas descobriram que essa parte da anatomia é importante para a impulsão. Já os competidores de tobogã trabalham com a força do torso e também com o equilíbrio.

As pessoas bem-sucedidas são aquelas que harmonizam boas condições físicas e mentais. O ingrediente principal para qualquer treinamento físico é a disciplina. Estabeleça um horário para se exercitar e descubra quais os exercícios mais adequados para você e para o seu corpo.

Resumo

Busque o bem-estar físico e mental.
Isso requer um plano e disciplina.
Entre em ação.

ASSEGURE O SUCESSO

De nada adianta vencer batalhas e tomar cidades se o exército fracassar em consolidar essas conquistas. Isso não passa de um desperdício de tempo e de recursos.

— *Sun Tzu*

A citação do mestre chinês trata das vitórias parciais que acabam dando margem à derrota. Esse é mais um caso clássico do "Descobrimos o inimigo: somos nós mesmos".

Por que 95% das pessoas que perdem peso em dietas voltam a ganhá-lo, às vezes engordando mais do que antes? Será porque, ao aceitarem o desafio de emagrecer e, tendo o vencido, tornaram-se complacentes consigo mesmas, o que acarretou a derrota?

Em toda tarefa, devemos conseguir visualizá-la ser cumprida até o fim. Em outras palavras, quais são os objetivos que almejamos alcançar a longo prazo? Como podemos fazer com que as vitórias de curto prazo se transformem na vitória definitiva?

É comum no mundo esportivo um time derrotar um forte oponente e, no jogo seguinte, ser batido por uma esquadra menos poderosa. Isso deve-se à euforia e ao senso de dever cumprido despertados pela vitória ante o mais forte, vitória essa que temporariamente embota a agressividade necessária para ganhar.

Reza uma máxima militar:

A maior causa do fracasso é a vitória.

Quanto mais sucesso alcançamos, mais evitamos fazer o que nos tornou bem-sucedidos. A deterioração dos nossos esforços abre as portas para o concorrente motivado entrar.

A união de duas empresas pode muitas vezes ser vista como uma vitória parcial que se transforma num fracasso comercial por causa dos atritos decorrentes de culturas empresariais diferentes. Se você já fez parte de uma companhia incorporada por outra, pôde sentir os efeitos dos choques internos.

Os economistas internacionais falam da "maldição da abundância". Como exemplo, eles citam os casos da Argentina e dos países do Oriente Médio.

- A Argentina, que foi uma nação rica até o início do século XX, graças à pujança de seus rebanhos e à produção de carne, conheceu a ruína financeira quando, por causa de sua prosperidade, alimentou um sistema de previdência social desastroso.
- Os países do Oriente Médio, ricos em petróleo, nunca conseguiram livrar-se da dependência das divisas provindas destas riquezas natural.

Podemos diagnosticar o mesmo declínio causado pela "maldição da abundância" entre as gerações mais novas de famílias muito ricas.

Um triste exemplo do mau aproveitamento de uma vitória é a da pessoa que recebeu uma educação primorosa e dela não tirou proveito para ser bem-sucedida.

Utilizando as palavras de Sun Tzu, "consolidar conquistas" é fazer o inventário de nossos pontos pessoais fortes e determinar como usar essas "armas" para chegar ao nível seguinte em nossos objetivos.

Se a "consolidação de conquistas" torna-se apenas um exercício mental, com certeza não progrediremos. Quando colocamos o nosso plano de ação no papel, damos o primeiro passo na rota do sucesso.

Resumo

Você tem valor.
Consolide as suas conquistas.
O sucesso é a catapulta para o próximo nível.

PARTE QUATRO
A Competitividade e o Sucesso

Introdução

TENHA AS SUAS PRIORIDADES BEM CLARAS

Um elemento essencial a toda situação de competitividade é o estabelecimento de prioridades. Sun Tzu deu-nos estes preciosos conselhos:

1. *A melhor conduta numa guerra é atacar a estratégia do inimigo*. Em outras palavras, "vencer sem precisar lutar". Trata-se da batalha mental que busca alcançar a vitória pela psicologia. Um exemplo dessa tática seria "matar o inimigo com gentilezas". Outro exemplo, alcançar um nível tal de excelência que desencoraje qualquer concorrente.
2. *A segunda melhor conduta é dissolver as alianças do inimigo por meios diplomáticos*. Os "meios diplomáticos", obviamente, referem-se às negociações, como é o caso da frase clássica "Vamos nos sentar e conversar".
3. *O terceiro melhor método é atacar o inimigo em campo aberto*. O ataque, nesse caso, é feito de acordo com as estratégias do estilo indireto ou da *blitz*. Essas estratégias buscam nos dar poder de fogo ou criar situações que desequilibram a questão para o nosso lado.
4. *A pior medida é o ataque a cidades amuralhadas. Atacar cidades é o último expediente a ser usado, quando não nos restam outras opções.* Essa medida seria sem dúvida nenhuma um ataque direto, frontal, ao inimigo. Na prática, envolve situações extremas como "resolver um caso na justiça", ou investir recursos fabulosos na tentativa de vencer o concorrente.

Está claro que a vitória pela estratégia é superior à vitória pela luta — a competitividade bem-sucedida nem sempre envolve conflitos.

SEJA CRITERIOSO EM SUAS BATALHAS

Se você não está seguro do sucesso de uma empreitada, não envie tropas. Caso não esteja em perigo, não trave batalha.

— *Sun Tzu*

Os cálculos de Sun Tzu para determinar o sucesso de uma batalha são bastante simples:

Quando temos vantagem numérica de dez para um sobre o inimigo, o cercamos.
Quando em vantagem de cinco para um, o atacamos.
Quando temos o dobro de sua força, entramos em guerra com ele.
Quando em pé de igualdade, buscamos levar a discórdia às suas linhas.
Quando em inferioridade numérica, devemos ser capazes de nos defender.
Caso formos inferiores ao inimigo em todos os aspectos, o recomendável é fugir aos seus golpes.
Caso o fraco queira resistir ao forte com medidas defensivas desesperadas, acabará tornando-se presa dele.

Quando os aliados planejaram a conquista do Pacífico, a sua meta era conseguir a superioridade numérica de três para um sobre o inimigo. Se tivessem invadido o Japão, a força de ataque seria parelha à da defesa. No entanto, a explosão das bombas atômicas tornou a invasão desnecessária.

No mundo de hoje, a superioridade tecnológica é mais importante do que a superioridade numérica. A questão é que uma força arrasadora vence. Se for derrotada, não conheço mais nada sobre estratégia.

Evite as batalhas políticas

Nos tempos imemoriais de Sun Tzu, outro guerreiro chinês escreveu:

Vencer é fácil; o difícil é manter os frutos da vitória. Logo, quando tudo o que existe sob o céu está em pé de guerra:
Aquele que vence a guerra numa batalha torna-se imperador.
Aquele que a vence em duas batalhas torna-se rei.
Aquele que a vence em três batalhas torna-se governador de um protetorado.
Aquele que a vence em quatro, fica depauperado.
Aquele que a vence em cinco batalhas sofre uma calamidade.
É raro aquele que conquista um império por meio de uma sucessão de vitórias em batalhas. Já aqueles que fracassam apesar das suas inumeráveis vitórias são incontáveis.

Essa citação serve como uma advertência às batalhas políticas dentro do escritório ou em outros lugares. Não entre numa briga se não vale a pena brigar. O perigo em vencer muitas batalhas é o de colecionar numerosos inimigos ao longo da campanha.

Saiba como vencer

Sun Tzu nos forneceu uma lista de fatores que asseguram uma vitória. Uma simples análise depois da batalha revela por que os perdedores fracassam. O difícil, portanto, não é saber quais os motivos que levaram uma batalha a ser perdida. O problema está em ter a clareza e a inteligência de fazer as avaliações corretas antes da luta. Sun Tzu nos deu este plano simples de análise que ainda pode ser aplicado nos dias de hoje:

Existem cinco pontos que podem garantir a vitória:

1. *Vai vencer aquele que sabe quando lutar e quando não lutar.* Não perca a calma. Analise a situação criteriosamente.
2. *Vai vencer aquele que sabe o que fazer em situações de superioridade e inferioridade.*

Os mais fortes vencem; os mais fracos perdem, a não ser que consigam obter uma superioridade relativa.

3. *Vai vencer aquele cujas tropas estão unidas em torno de um ideal.*
   Acredite no que você faz.
4. *Vai vencer aquele que, além de bem preparado, é paciente para atacar o inimigo despreparado.*
   Prepare-se bem.
5. *Vai vencer aquele que contar com generais competentes e em sintonia com o monarca.*
   Um exemplo infeliz, em que ocorreu o contrário do recomendado, é o da guerra do Vietnã, durante a qual o presidente Lyndon Johnson escolhia pessoalmente alguns dos alvos de bombardeios.

Seguindo à risca os conselhos de Sun Tzu, nos manteremos na rota do sucesso.

Resumo

Não entre numa briga que você não pode ganhar.
Aumente as chances de vitória para o seu lado.
Travar muitas batalhas políticas pode ser um convite para o desastre.

CONHEÇA O OPONENTE

Quem não for sagaz não deve empregar um espião.
— Sun Tzu

Sun Tzu também disse:

Quando você desconhece o inimigo, mas conhece a si mesmo, terá chances iguais de ganhar ou de perder.

Faça as contas. De acordo com o enunciado de Sun Tzu, as chances iguais de ganhar ou perder significam que a possibilidade de vitória é reduzida pela metade quando não conhecemos o inimigo.

Sun Tzu devotou o décimo terceiro capítulo de sua obra ao emprego de agentes secretos. A "espionagem" dos dias de hoje é bastante diferente daquilo que o autor chinês se referia pela mesma palavra.

Os técnicos de futebol não espionam mais utilizando olheiros nos treinos das equipes rivais. Em vez disso, estudam as filmagens dos jogos do inimigo e as suas táticas. Tendo em mãos essas informações, os treinadores desenvolvem planos ofensivos e defensivos, montando um esquema de jogo de acordo com a equipe rival. Será esse um meio eficaz de espionagem esportiva? Basta pegar qualquer técnico bem-sucedido e seu vasto arquivo de jogos gravados que obteremos a resposta.

Desenvolva um sistema criativo de coleta de informações

Todo esforço competitivo, seja ele feito na área dos negócios, dos esportes ou da política, necessita de um fluxo de informações, cujo sistema pode ser construído de acordo com os passos-chave descritos abaixo.

Cultive os seus contatos. Contando com uma rede informal e organizada de informações, você sai em vantagem tanto em termos de tempo como de precisão. Os contatos pessoais ainda nos resguardam dos relatórios filtrados.

As respostas às suas consultas devem ser retribuídas com uma mensagem de agradecimento, o que ajuda a manter a sua rede de contatos. Um tal sistema só funciona com a reciprocidade, quando o fluxo de informações recebidas corresponde ao fluxo de informações dadas.

As partes fazem o todo. O mundo de informações à nossa disposição cresceu muito com o advento da internet. Por exemplo, quando eu precisei checar, durante uma partida de golfe no Hawaii, as condições de negócio num segmento com o qual não estava familiarizado, eu mandei um e-mail para um contato. A sua resposta, vinda de outra parte dos EUA, deu-me uma idéia da situação do segmento. Por meio de outras fontes, consegui informações adicionais que completaram o quadro geral.

Quando um comerciante varejista me disse que as vendas andavam fracas, o que era fora do comum, procurei saber, colhendo uma informação aqui e outra ali, junto às minhas fontes, as razões de tal declínio súbito. Esse fato me estimulou a fazer ajustes na minha carteira de ações na bolsa de valores. Quando tal decisão mostrou-se acertada, eu fiz questão de me manter em contato com estas pessoas, pois as suas informações seriam de grande valia no futuro.

Certifique-se de suas fontes. Apesar da quantidade de contatos ser importante, devemos identificar quem são os melhores dentro do nosso quadro de informantes. Enquanto alguns só conseguem passar a informação nua e crua, outros nos oferecem análises e dicas quentes extremamente valiosas. Na medida em que vamos conhecendo o sistema, conseguimos discernir quais são as fontes mais confiáveis e que propiciam as melhores informações. Devemos cultivar e aprofundar essas relações. Elas valem ouro.

Junte as peças. Em primeiro lugar, devemos criar uma rede de contatos. Depois, avaliar a utilidade das informações vindas das nossas fontes. Finalmente, cultivar a rede social formada. Somente então, teremos as informações necessárias que nos ajudam a chegar a uma solução.

Identifique o inimigo

O inimigo é toda pessoa com poder suficiente para nos impedir de alcançar a vitória. Devemos definir claramente quem é e quem não é o inimigo. Para o homem de negócios, o inimigo é o concorrente. Nos esportes, o competidor rival. Para o educador, é aquele que gera entraves ao sistema educacional. Em diversas situações, será o sistema em si, e não as pessoas que trabalham para ele.

Nunca encontraremos o inimigo na figura de um amigo íntimo ou de um cônjuge. O processo mental que confunde o aliado com o inimigo acaba nos levando a tomar ações que destroem um relacionamento.

Quando nos damos conta de que o inimigo são as nossas fraquezas e a falta de autoconfiança, devemos lutar para superar essas dificuldades. Nessa batalha, precisamos da ajuda de um guru ou de um treinador. Quantas vezes não testemunhamos algumas pessoas ficarem impedidas de realizar algo não por incapacidade, mas por inibições que dificultam o seu crescimento pessoal?

Conheça a personalidade do inimigo

Frederico, o Grande disse:

Uma grande vantagem é tirada do conhecimento do adversário. Quando você está a par das suas capacidades e da sua personalidade, pode jogar contra as fraquezas dele.

O conhecimento que colhemos do nosso oponente diz respeito tanto às suas atividades no presente como à sua biografia passada. O objeto da questão envolve a personalidade do rival. Devemos analisar a situação em termos de um histórico — quem fez algo parecido ao que o oponente está fazendo e quais foram as conseqüências desses atos. Analise a personalidade dele em termos de formação — onde a sua experiência foi adquirida e qual foi a sua atitude numa situação semelhante à que nos interessa.

Por exemplo, se desejamos conhecer a personalidade de alguém, seja um novo empregado, supervisor, pastor de igreja ou funcionário do clube, devemos procurar saber qual era o seu comportamento no lugar de onde veio. Todos os recém-chegados carregam a tiracolo os seus pontos fortes e fracos. Igualmente, as pessoas tendem a copiar o modo de agir e de ser da antiga organização a que pertenciam. Quando um líder promove mudanças, está buscando adaptar o sistema à sua própria personalidade, de modo que se sinta mais confortável dentro desse sistema. Aceite as mudanças impostas pelo líder e busque apoiá-lo.

Resumo

Identifique o oponente.
Conheça a personalidade dele.
Garanta que você não é o inimigo de si mesmo.

A VITÓRIA É DO ATAQUE COMPETENTE

Tire vantagem da falta de preparo do inimigo, planeje os deslocamentos por rotas inesperadas e ataque o rival quando ele estiver desprevenido.

Contra uma ofensiva competente, o inimigo não saberá como se defender.

— *Sun Tzu*

Os ataques bem feitos levam sempre em conta os seguintes fatores:

1. *Um ponto único:* onde deve ser concentrada a massa crítica.
2. *Surpresa:* seja imprevisível.
3. *A ação subseqüente:* quando algo dá certo, continue utilizando-o.

A concentração num ponto único

A primeira ação a tomar é decidir o que vamos fazer; em outras palavras, qual será o nosso plano e onde devemos concentrar os nossos esforços e recursos.

- *O plano:* Coloque-se no lugar do inimigo: como ele organizaria um ataque? Utilize essa análise para planejar o seu próprio ataque.

  Um dos exercícios mais frutíferos dos seminários que ministro é fazer os participantes imaginarem-se subitamente empregados pelos seus maiores concorrentes. Peço que os pequenos grupos identifiquem quais seriam as estratégias e táticas necessárias para os tais concorrentes alcançar a vitória. Esse conhecimento dá aos participantes idéias valiosas para desenvolverem o seu próprio plano de ataque. O exercício também põe a nu as maiores deficiências dos participantes.

- *Os recursos*: No momento em que você se convenceu de que o seu objetivo vale a pena ser perseguido, deve destinar recursos para alcançá-lo, o que exige grande discernimento, pois normalmente uma névoa encobre a realidade à nossa volta. De todas as coisas que devemos fazer para alcançar o sucesso, muitas delas são recomendáveis. Outras são importantes. Somente algumas poucas são fundamentais.

Os Planos e Preparações do Chefe do Estado-Maior do exército norte-americano assim definem a destinação de recursos:

> *O bom comandante não busca apenas utilizar os meios necessários, mas uma abundância de meios.*
> *Uma força militar que é apenas forte o suficiente para alcançar um objetivo sofrerá muitas baixas para alcançá-lo. Já uma força vastamente superior à do inimigo visa dar cabo ao trabalho sem uma perda significativa de soldados.*
>
> — General Mark S. Watson, 1950

Podemos dizer a mesma coisa de outro modo: para garantir a vitória, não basta apenas destinar os recursos necessários para alcançá-la, pois os ataques feitos com vasta superioridade sobre o adversário sofrem danos incomparavelmente menores. Quanto maior for a força de ataque, menores serão as chances de sermos batidos no desenrolar do processo. É claro que o conceito de "força de ataque" deve ser entendido em todo o seu espectro: moral, mental e físico. A aplicação de uma força avassaladora serve para todo tipo de ataque, seja ele contra um concorrente, ou em prol de um objetivo pessoal, como uma promoção na carreira.

Sun Tzu assim definiu este poder:

> *A força de um exército superior no ataque é comparável à de uma massa de água aprisionada subitamente liberada da altura de dois mil metros. Esse é o efeito que a correta disposição das forças militares tem nas ações de guerra.*

O plano-surpresa

Você torna-se mais vulnerável ao ataque quando está parado. Vá ao encontro dos seus objetivos.

Em 1747, Frederico, o Grande aconselhou os seus generais:

Será por meio do que o inimigo menos espera que obteremos o maior sucesso.

Um dos princípios gerais da Administração é que o gerente deve ser previsível, de tal forma que os subordinados saibam quais as ações a ser tomadas, mesmo sem consultá-lo.

Ao contrário, em situações que envolvem competição direta, o ataque deve ser o menos previsível possível para que sejamos bem-sucedidos. Podemos observar esse princípio no futebol, em que a jogada surpreendente é a que desequilibra uma partida.

Para conseguir o efeito-surpresa, não é necessário que o oponente ignore completamente as nossas manobras. É necessário, no entanto, que ele tome conhecimento delas tarde demais para que possa reagir de forma eficaz.

Carl von Clausewitz escreveu:

A superioridade conquistada pelo efeito-surpresa é quase tão forte quanto a alcançada pela concentração de forças.

Uma reportagem da revista *Newsweek* sobre a guerra do Afeganistão fez o seguinte comentário: "enquanto as tropas norte-americanas se retiravam, um comandante do exército Talibã ordenou que os seus tanques abrissem fogo, mas as bombas dos EUA os destruíram primeiro. Um afegão perguntou: "Como é possível o exército dos EUA ser assim tão poderoso? É inacreditável a maneira como eles reduziram a pó os nossos tanques." Da mesma maneira, um oficial iraquiano comentou, por ocasião da Guerra do Golfo: "Não sabíamos da presença norte-americana na área até o momento em que um blindado deles explodiu um dos nossos tanques."

O melhor tipo de surpresa é aquela em que o oponente não percebe que foi pego de surpresa. A ação é tomada sem que ele tenha ciência de como a coisa aconteceu. Podemos observar esta situação nas brigas internas no escritório.

A ação subseqüente

Todo mundo que algum dia aprendeu a lançar uma bola sabe da importância de manter o movimento do braço depois do lançamento. Esse movimento não está separado da jogada, mas faz parte dela. É um componente do processo integral.

Saiba que o seu rival possui fraquezas e esteja preparado para explorá-las. Continue utilizando o que dá certo. Entretanto, fazer a mesma coisa repetidas vezes não funcionará para sempre. É inevitável que o seu oponente descubra como contra-atacar. Você deve pensar em inovar muito antes que isso aconteça.

Resumo

Concentre as forças num ponto único.
Planeje um ataque-surpresa.
Continue fazendo o que dá certo até que a inovação funcione melhor.

O *TIMING* É TUDO

Quando a bicada do falcão estraçalha o corpo da presa, é por causa da precisão do golpe.

A sua rapidez será análoga à liberação do gatilho.

— *Sun Tzu*

Na busca do sucesso, o papel desempenhado pelo *timing* — a perfeita coordenação das ações e o senso de oportunidade — tem múltiplas facetas. A rapidez e a sincronia dos movimentos precede a "bicada do falcão", assim como a escolha da hora certa do ataque gera uma força poderosa.

Entre em ação

Via de regra, quanto mais cedo melhor. Tome uma decisão e não perca tempo.

Quanto mais tarde começa, de mais coisas você precisa. Quanto mais demoramos para iniciar uma ação, mais velocidade será necessária depois.

Se você tem de esperar por aprovação, está atrasado. É melhor ter de pedir perdão depois do fato, do que ter de pedir permissão antes dele.

Fique em vantagem sobre o oponente

No jargão dos pilotos de caça, "ficar na traseira" do adversário e tê-lo à nossa mercê, requer que as manobras sejam executadas de forma mais rápida do que as executadas por ele. Quanto maior for a nossa agilidade, com mais facilidade o piloto rival ficará sob a nossa mira.

"A agilidade é essencial", diz John Boyd, um piloto de caça aposentado e reconhecido perito na arte da manobra. A chave do sucesso de Boyd está em gerar um desequilíbrio, em tomar posição atrás da nave inimiga e interferir no seu ciclo de "observação-orientação-decisão-e-ação". Quando o oponente for "observar" o que você está fazendo, "orientará" o seu pensamento para a reação. "Decidirá" o que fazer e, a seguir, "agirá". Fará tudo isso, mas a sua resposta será dada tarde demais.

Essa tática competitiva, como todas, é tanto física como mental. A nossa mente está condicionada a gerar a ação física rápida que surpreende e atordoa o oponente. Isso coloca o inimigo na situação de ter de se concentrar mentalmente no que estamos fazendo, reagindo a partir das nossas ações. Na vida real, o processo de se colocar na dianteira do oponente pode dar-se mediante uma ação única, mas geralmente acontece mediante uma série de ações.

Observamos no esporte que as equipes mudam continuamente a sua maneira de jogar, apresentando novas formações a cada confronto para conquistarem a vitória. Isso acontece nas ações competitivas, quando a inovação é a chave da derrota do inimigo tanto física quanto mental.

Toda vez em que conseguimos prever a ação do oponente, temos a possibilidade de desequilibrar a situação a nosso favor. Um piloto que tenha destreza e perícia não apenas repele a ofensiva do adversário, mas começa um ataque próprio por ser capaz de operar acima do campo de habilidades do oponente. Mesmo quando o adversário parece ter todas as vantagens, um ataque executado com exatidão vai encobrir as suas fraquezas.

A velocidade e o movimento formam o par principal dos componentes de um ataque bem-sucedido. Eles são vitais para desequilibrar a situação a nosso favor e para, em conseqüência, gerar os efeitos em cascata que nos mantêm na dianteira.

Resumo

Não demore a entrar em ação.
Desequilibre a situação a seu favor.
Utilize a velocidade e a perícia nas manobras para ganhar.

PARTE CINCO
Exemplos de Sucesso

Introdução

COLOQUE A SABEDORIA EM PRÁTICA

Em tempos imemoriais, dois homens quiseram testar a sabedoria do oráculo do seu torrão natal. Decidiram, pois, colocar um plano em prática. Iriam ao oráculo, sendo que um dos homens levaria preso na mão um passarinho, deixando apenas algumas penas aparecer entre os dedos. O homem perguntaria: "O que está escondido em minha mão?"

O oráculo, vendo as penas, responderia: "Um passarinho."

Os dois homens fariam uma nova pergunta: "Ele está vivo ou morto?"

Caso o oráculo respondesse que estava vivo, eles esmagariam o pássaro e o lançariam sem vida ao chão. Caso respondesse que estava morto, o homem que o segurava abriria a mão e o deixaria voar.

Na hora combinada, foram até o oráculo.

À pergunta "O que está escondido em minha mão?", o oráculo respondeu: "Um passarinho."

Os homens perguntaram então: "Ele está vivo ou morto?"

O oráculo respondeu: "Eu não sei, pois o futuro do passarinho está em vossas mãos."

Do mesmo modo, o seu futuro, leitor, é fruto de suas decisões. Os testemunhos de pessoas bem-sucedidas que você poderá ler a seguir ilustram como os teóricos e executivos de ponta aplicam a sabedoria de Sun Tzu para aprimorar o futuro.

TREINANDO PARA SUPERAR DESAFIOS

Lou Sartori
Professor de História e treinador da equipe feminina de basquete
Seneca High School, Louisville, Kentucky

O meu primeiro contato com *A Arte da Guerra* não surtiu efeito. Foi no início dos anos 80, enquanto eu participava de um *workshop* para treinadores de basquete. Queria aprender todos os macetes para ser um professor e treinador bem-sucedido. O condutor do seminário era Bobby Knight, que mencionou a riqueza em ensinamentos filosóficos e aplicações práticas do livro de Sun Tzu. Nem precisa dizer que eu ignorei a obra nesse primeiro encontro.

Muitos anos depois, após ter participado de inúmeros *workshops* e de ouvir, de tempos em tempos, as mesmas coisas sobre *A Arte da Guerra*, decidi comprar e ler o livro. Meus olhos finalmente se abriram para a sua sabedoria; desde então, tenho seguido muitos de seus princípios e regras.

Sun Tzu foi sem dúvida um grande professor e, se estivesse vivo nos dias de hoje, formaria diversas "equipes" vitoriosas. Muitos de seus temas ainda ecoam na minha mente, pois me ajudaram a amadurecer e crescer como professor e treinador. Eu poderia discorrer longamente sobre eles, mas basta ressaltar a importância que os temas da preparação, disciplina e comunicação tiveram sobre a minha vida profissional.

Preparação. Como professor e treinador nos dias de hoje, existem diversos papéis que preciso desempenhar. A advertência inicial de Sun Tzu, no capítulo três, "Conheça o seu inimigo e conheça a si mesmo", nos mostra como a preparação e o planejamento são vitais. Esse preceito me encoraja a planejar: planejamento para as aulas e também para as quadras. Muitos colegas já elogiaram a minha capacidade de organização. Eu a devo ao mestre chinês, que reitera a importância de planejar e de estar bem preparado a fim de evitar desastres. Eu acredito que "fracassar no planejamento é planejar o fracasso". Muitos professores menosprezam o roteiro de aula, que, na visão deles, não passa de um mal necessário, se tanto. Muitas escolas exigem que os professores entreguem o roteiro semanalmente. Apesar da nossa escola não fazer tal exigência, escrevo o meu a cada semana. Ele ajuda-me a manter as coisas sob controle.

Disciplina. Um velho problema dos professores é a disciplina em sala de aula. Aos professores, treinadores e administradores, recomendo que apliquem o conselho de Sun Tzu: os soldados devem ser tratados com humanidade, porém mantidos sob disciplina férrea (capítulo nove). Em 29 anos como professor e treinador esportivo, tive a minha cota de aborrecimentos, mas consegui mantê-la no mínimo. Na avaliação que faço do meu método de ensino, vejo que a disciplina firme e corretamente aplicada contribui para a atmosfera de interesse no aprendizado que existe na minha sala de aula.

Outro princípio que retirei de Sun Tzu foi o da aplicação da disciplina. Ele sublinha que as ordens (direções) devem ser dadas de forma clara e distinta. Eu tenho utilizado essa técnica ao longo da minha carreira. A comunicação é muito importante em toda e qualquer atividade, e a minha postura é a da SIMPLICIDADE. Tornar as coisas simples faz com que eu desempenhe a função de treinador de forma eficiente.

Comunicação. Quando eu fui contratado pela escola em que trabalho atualmente, as estudantes tinham pouquíssima experiência na prática do basquete. O maior desafio que enfrentei foi o de estabelecer uma linha de comunicação clara e eficaz com as alunas. É crucial falar numa linguagem que o estudante possa compreender. Não é recomendável exibir erudição utilizando palavras difíceis que ninguém vai entender. Sabemos de imediato se o pessoal "entendeu" ou "não entendeu". Os rostos inexpressivos e o olhar perdido falam por si mesmo. As minhas instruções podem parecer bastante elementares; entretanto, elas têm sido seguidas à risca.

Sou grato a Sun Tzu. A minha carreira tem oferecido muitas recompensas. Ensinar a juventude atual é um desafio e tanto, porém essa missão tem sido bastante prazerosa e eu não a trocaria por nada no mundo.

VENCENDO BATALHAS

Terri D. Nance
Vice-presidente de Estratégias de Negócios
Ingram Book Company

Sun Tzu nos aconselha a *travar somente as batalhas que podemos vencer*. Esse conselho é muito útil para tomarmos decisões eficazes quando nos confrontamos com iniciativas conflitantes entre si.

Na juventude, eu me vi face ao dilema de fazer um empréstimo para cursar a faculdade, ou trabalhar para me sustentar e fazer o curso noturno.

Seguindo o conselho de Sun Tzu e *fazendo uma estimativa da situação*, cheguei à conclusão que a melhor estratégia seria trabalhar de dia e estudar à noite.

A parti daí concentrei as minhas forças nos objetivos impostos e na utilização dos recursos necessários para alcançá-los. Como disse Sun Tzu, "chutei para longe a escada pela qual subi". A responsabilidade fez com que eu me tornasse ainda mais empenhada.

Seguindo o conselho do mestre de "travar somente as batalhas que podemos vencer", consegui realizar mais coisas do que havia planejado originalmente. Consegui, inclusive, concluir o mestrado.

Ao entrar para uma grande empresa, descobri novas utilizações para a filosofia de Sun Tzu. A intuição me dizia que a sabedoria por trás de suas palavras eram aplicáveis também para lidar com as políticas e os problemas existentes numa corporação. Entretanto, não podemos nos dar ao luxo de aplicar ao pé da letra as palavras de Sun Tzu quando lidamos com parceiros de negócios. Seria um suicídio na carreira usar de ardis e trapaças, ou empregar espiões, no escritório.

Duas tentativas de implementar grandes projetos administrativos haviam fracassado, quando a solução do problema apareceu para mim depois de analisar a aplicação dos princípios de Sun Tzu. Colocando os obstáculos organizacionais no papel do "inimigo", ajudei a mim mesma na intimidante tarefa de construir um sistema de gerenciamento de projetos para uma grande divisão de tecnologia de informação.

Os conceitos-chave abaixo foram aplicados para remover as barreiras de organização:

Aplique a força extraordinária. Apesar da resistência geral para levar adiante outro projeto administrativo, eu sabia, das conversas na hora do cafezinho, que muitos gerentes estavam irritados com a inabilidade do departamento de terminar os projetos no prazo estipulado e dentro do orçamento. Eu acabei recrutando uma "*força extraordinária*" para matar o inimigo responsável por essa doença na organização. Os gerentes foram inestimáveis para superar e subjugar os focos mais fortes de resistência.

Plano-surpresa. Não tivemos resistências na implantação do pequeno projeto-piloto por parte do pessoal da divisão escolhida para esse modesto primeiro passo. Entretanto, quando a nossa metodologia provou ser simples e robusta, pedimos para o chefe da divisão que a apresentasse como iniciativa compulsória na reunião de chefias que se aproximava. O projeto migrou de pequena iniciativa localizada para norma generalizada das divisões antes que os céticos de plantão pudessem organizar uma resistência.

Reforce os pontos fortes, não os pontos fracos. Depois de provado que a surpresa funcionara, partimos para o ataque em massa. A minha inclinação inicial era atacar primeiro os departamentos mais resistentes à inovação, porém o conselho de Sun Tzu de reforçar os pontos fortes mudou o meu modo de ver as coisas. Em vez de investir contra os bastiões do pensamento negativo, buscamos identificar os nossos aliados e os neutros. Contabilizamos com cuidado, departamento após departamento, os que foram adotando a nova metodologia.

Seja flexível. Sun Tzu enfatizou reiteradamente a necessidade de sermos flexíveis em face das circunstâncias em mudança. Permitir a flexibilidade no método, ao mesmo tempo em que impunha-se uma grande disciplina nos resultados, teve como conseqüência um sistema bem-sucedido. Essa abordagem provou ser informativa para as lideranças executivas. Também melhorou o nosso relacionamento com os clientes internos, além de evitar que os gerentes ficassem atrelados a uma burocracia desnecessária.

Considere opções táticas. Sun Tzu aconselhou que *algumas estradas não devem ser tomadas e algumas cidades não devem* ser *assaltadas*. Nós tínhamos uma dessas "cidadelas" em nossa divisão, onde decidimos evitar uma implementação total do projeto. Simplesmente pedimos que o grupo providenciasse estimativas de horas consumidas em cada um dos seus projetos principais. Isso já atingiu cerca de 80 por cento do objetivo sem ter de "sitiar" o gerente.

Assegure as suas vitórias. À medida que fizemos progresso em nossa metodologia de projeto administrativo, começamos a ver ganhos de desempenho e melhorias nos relacionamentos das unidades de negócio que apoiávamos. Atualizações a períodos regulares tornaram fácil às lideranças enxergar a localização exata dos seus projetos no esquema total em que estavam inseridos. À medida que a satisfação cresceu, pudemos trombetear o nosso êxito e construir melhores relações. Muitos dos céticos tornaram-se fortes aliados e reconheceram que a metodologia "estava funcionando melhor do que o esperado".

A sabedoria de Sun Tzu é facilmente transposta para situações pacíficas. Seja o inimigo um vírus, o sistema falido de educação pública, ou o fumo entre adolescentes, não é necessário atacar pessoas; podemos atacar o problema de forma bem-sucedida utilizando a sabedoria milenar de *A Arte da Guerra*.

AS LIÇÕES DA LIDERANÇA

Mark Davidoff
Diretor Executivo e COO
Jewish Federation of Metropolitan Detroit

O que é liderança? Liderança é a arte de comunicar uma visão individual. Ela diz respeito ao planejamento de uma estratégia. Significa estabelecer objetivos e destinar recursos para a sua realização. A liderança também se refere à tomada de decisões difíceis, que vão ter um impacto na vida das pessoas a quem servimos e daquelas que nos servem.

Nos escritos de Sun Tzu, estão delineados os defeitos comuns da liderança, que são a temeridade, a covardia, o temperamento irascível, a honra suscetível e a solicitude excessiva. É a respeito do último deles que adverte: *aqueles que amam as pessoas podem ferir-se*. Eu transformei esse ensinamento numa regra básica de liderança, que procuro relembrar todo o dia. Deixe o seu coração em casa.

Os líderes de negócios devem tomar decisões delicadas constantemente. Ao tomá-las, o líder deve sempre ter bem claro à sua frente o que é do interesse do "soberano". Nos dias de hoje, Sun Tzu diria: os "senhores dos interesses em jogo". A disciplina "em prol desses senhores" aplica-se tanto aos negócios, aos serviços das organizações sem fins lucrativos e ao governo. Tendo ocupado cargos de liderança em diversas organizações beneficentes nos últimos quinze anos, me vi muitas vezes à frente das questões delicadas de liberar verbas para um serviço e de cortar verbas de outro; de prestar auxílio à comunidade que mais precisava de ajuda; e de demitir funcionários que não acrescentavam mais valor à operação. Sem clareza mental, tais decisões não podem ser tomadas de maneira correta.

Os líderes que buscam, no ambiente de trabalho, as suas melhores amizades, a glória, a alimentação do ego e o amor, não corresponderão às expectativas, nem conseguirão bons resultados. O líder que consegue controlar a sua "supersolicitude" e deixa o seu coração em casa vai trabalhar com uma mente limpa e com emoções estáveis.

As instituições são construções permanentes na paisagem de nossas comunidades. Os indivíduos que ocupam cargos de direção nessas instituições não são mais do que administradores para a próxima geração. Como líder de uma comunidade, com um pesado fardo sobre os ombros, eu enfrento cada novo dia com um suspiro profundo e passos decididos, tendo em mente os defeitos fatais de liderança descritos por Sun Tzu.

PRINCÍPIOS RELEVANTES

Les Lunceford (oficial aposentado da Fuzilaria Naval dos EUA)
Presidente do The Transition Team, Inc.
Knoxville Operations

Eu li *A Arte da Guerra* durante a faculdade e, depois, por diversas vezes como oficial da Marinha. Mais tarde em minha vida, foi-me revelada a sua aplicação a empreendimentos privados. O tesouro de sabedoria de Sun Tzu teve um papel decisivo na minha carreira militar e na dos meus colegas de farda. *A Arte da Guerra* faz a diferença para quem se dispõe a lê-la, entendê-la e a aplicar ativamente as suas estratégias.

É um grave erro achar que a sabedoria de Sun Tzu pode ser abarcada por uma simples leitura. Essa sabedoria é de pequena valia sem o vento que infla as velas providenciado pela AÇÃO.

A vitória no campo de batalha ou nos negócios quase nunca é conquistada pela aplicação de um princípio único. Na época em que fiz a transição para a área de negócios, mais de um dos princípios de Sun Tzu ofereceram os conceitos vencedores que impulsionaram a minha nova carreira acima das expectativas mais otimistas. Os princípios de Sun Tzu servem como uma força multiplicadora — um conceito que nos foi repetido com insistência na Marinha. Os multiplicadores de força (que utilizam mais de um princípio do mestre) adicionam pressão à competição e reforçam o ímpeto e a energia do competidor. Quatro princípios, em particular, tiveram influência sobre o sucesso do nosso negócio:

Avaliar criteriosamente as condições: Foi uma tarefa valiosa para o início da nossa operação de sucesso. Antes de desenvolver um plano de *marketing*, tivemos de avaliar com cuidado a nossa conjuntura — os competidores, a área de mercado, as nossas fraquezas, as nossas forças e também as opiniões de clientes existentes. Descobrimos que 23 por cento dos nossos clientes correspondiam a 80 por cento dos rendimentos. Se não tivéssemos feito uma avaliação completa das condições, correríamos o risco de apoiar a nossa escada contra a parede errada.

O nosso foco é servir cada vez melhor os clientes existentes, porque o custo de conquistar uma nova freguesia é alto e consome verbas de modo mais rápido do que manter os clientes que já possuímos satisfeitos. Essa estratégia produziu resultados recordes. Preparar qualquer plano sem antes fazer uma avaliação cuidadosa é como construir uma casa sobre a areia. A casa vai ruir.

As pessoas são um bem valioso. Sun Tzu diz: *Se o comandante trata os soldados como os seus filhos diletos, eles o defenderão até a morte*. Quando tratamos os outros com respeito e dignidade, da maneira como gostaríamos de ser tratados, demonstramos um respeito sincero às pessoas cuja liderança nos foi confiada. A consideração genuína pelos outros nos ajuda a produzir os resultados desejados.

Não leia a obra de Sun Tzu pensando que a sua intenção primeira é fazer os outros trabalharem para você alcançar o sucesso pessoal. Os princípios de *A Arte da Guerra* giram em torno da habilidade de poder ajudar os outros a modificarem a própria vida. Estou me referindo ao poder que vem da convicção pessoal, da liderança, da visualização do futuro. Quando somos capazes de produzir uma mudança positiva na vida dos outros, notamos que o mundo nos trata melhor.

Seja flexível. Enquanto as estratégias se mantêm inalteradas, as táticas devem ser adaptadas a cada nova situação. Ser bem-sucedido nos negócios ou na guerra exige planejamento simultâneo às ações. Enquanto o planejamento inicial tem a sua importância, planejar em demasia pode ser desastroso. Todo plano deve servir de base para mudanças. Os planos não devem ser rígidos a ponto de impedirem os ajustes que devem ser feitos de acordo com o câmbio da situação.

Conheça o terreno. Conheça as necessidades do seu cliente. Conheça os pontos fortes e fracos da sua equipe e de seus oponentes. Depois dos ataques terroristas de 11 de setembro, as necessidades dos nossos clientes aumentaram drasticamente.

Após os trágicos eventos dessa data, nós aprofundamos o desenvolvimento das capacidades de treinamento de executivos, criamos um ramo executivo de busca em nosso negócio, além de termos feito investimentos consideráveis de capital e em infra-estrutura. Demonstramos dessa maneira aos nossos clientes que compreendemos as suas necessidades e que estamos firmes ao seu lado.

"A ARTE DA GUERRA" É A ARTE DA PAZ

Colin Benjamin
Diretor Administrativo, Intellectual Property Holdings
South Melbourne, Austrália

Os escritos de Sun Tzu alimentam continuamente, com a sua sabedoria prática, a minha busca de uma estratégia criativa para resolver conflitos pessoais e para aproveitar oportunidades desafiadoras. Sun Tzu segue oferecendo conselhos práticos às minhas batalhas diárias, que buscam harmonizar a sobrevivência nos negócios com o desejo de lutar pela justiça social ao redor do mundo.

Durante mais de quarenta anos, estudei *A Arte da Guerra* como fonte de orientação estratégica. Meus estudos também incluíram as obras de Maquiavel, De Jomini e Mao Tse Tung. A partir deles, busquei identificar as diferenças entre as mentes dos estrategistas militares e civis.

Nesse longo estudo, a sabedoria prática de Sun Tzu tem brilhado como a luz de um farol — a batalha não é a guerra. A guerra é vencida na mente das forças combatentes, não no campo de batalha. A paz, e não a guerra, é o objetivo das práticas estratégicas.

As obras de Rudyard Kipling, Ian Fleming, Le Carré, Arthur Conan Doyle e Tolkien oferecem subsídio literário para apreciarmos a genialidade do capítulo treze d'*A Arte da Guerra*, "O uso de agentes secretos". Nele, em poucos parágrafos, está sintetizada a sabedoria profunda da Arte da Paz — os meios de evitar perdas desnecessárias de vidas humanas mediante instruções práticas e objetivas de gerenciamento de pessoal no mundo de espiões e agentes secretos.

Quando era estudante, fui ativista e organizador de campanhas contra o alistamento para a Guerra do Vietnã, ao mesmo tempo em que servia de voluntário aos "Cidadãos pela Força Militar". Como podem ver, eu me encontrava numa situação de duplicidade estratégica.

Prestei o serviço militar no departamento de psicologia do exército, responsável pela seleção de oficiais. Como resultado, deram a mim o controle da pesquisa de guerra psicológica concebida para compreender a mente do inimigo. Nessa oportunidade, tive o primeiro contato com a obra de Sun Tzu, que me despertou um duradouro interesse pela mente do oponente.

A Austrália entrou tarde na guerra do Vietnã, como depois também na guerra do Afeganistão. Nós adotamos a posição em apoio da aliança ANZUS, reconhecendo o papel decisivo dos EUA na defesa contra agressores externos. A minha unidade fazia parte da divisão de psicologia responsável pela seleção de oficiais. Trabalhando como médico no campo da saúde mental e da psicologia clínica, o meu interesse foi naturalmente despertado por essa área de estudo. Eu logo descobri o gênio de Sun Tzu. Estava face a face com um repositório de sabedoria, cujas passagens tinham o brilho de "Um exército triunfante não lutará com o inimigo até que a vitória esteja assegurada" e "A excelência suprema consiste em subjugar o inimigo sem precisar lutar".

As visitas regulares que fiz à China nos últimos vinte anos propiciaram a chance de trabalhar com professores, empresários e militares chineses ansiosos por utilizar a sabedoria do mestre para o desenvolvimento de empreendimentos nacionais. Todos compartilham da idéia de que a obra de Sun Tzu é uma referência à realidade do conflito entre os interesses comerciais e os objetivos da comunidade. A ênfase de Sun Tzu na vitória a partir da estratégia serve como contraponto ao pensamento ocidental, mais voltado à ação.

Tenho tido humildade para aprender a aplicar o pensamento do estrategista na construção de novas iniciativas comunitárias e de programas governamentais — mais de dois milênios depois de *A Arte da Guerra* ter sido escrita. Trabalhar para ministérios, corporações multinacionais e para as minhas empresas tem chamado atenção constantemente para um dos pensamentos principais de Sun Tzu: "Na batalha não existem senão dois métodos de ataque — o direto e o indireto. As combinações possíveis entre eles, no entanto, geram uma série infinita de manobras possíveis."

Em resumo, a luta para aplicar a sabedoria de Sun Tzu me ofereceu informações valiosas sobre a mente do político e do militar. Eu cheguei à conclusão de que é necessário, a cada dia, pesquisar o terreno em que competimos, identificar os caminhos do sucesso e construir a plataforma para conquistá-lo. As lições aprendidas são que a paz não é apenas o contrário da guerra, mas sim a medida da boa vontade, da mútua confiança e da liberdade.

REGRAS PARA A VIDA COTIDIANA

Benefsheh D. Shamley
Capitã do exército norte-americano
Comandante

Como oficial do exército e comandante de tropas, os conceitos de *A Arte da Guerra* de Sun Tzu são totalmente aplicáveis à minha vida. O seu estudo me ajudou a entender como colocar em prática as regras na vida cotidiana.

"Conheça a si mesmo, conheça o seu oponente" é a minha regra favorita. Conhecer a si mesmo pode ser problemático. Perdi a conta de quantas vezes me sentei à frente dos meus superiores e eles pediram que eu descrevesse os meus pontos fortes e pontos fracos. Normalmente, eu fico parada por alguns momentos, sem saber o que dizer. Por que é tão difícil saber quais eles são? No meu caso, acho que é para não enxergar as minhas fraquezas. Estamos sempre nos comparando com os outros e pensando "ela é mais magra, mais bonita, mais inteligente e mais feliz do que eu". No entanto, esse tipo de pensamento não serve para nada, a não ser nos colocar para baixo.

Em vez de me concentrar no que os outros pensam de mim, ou em como eu me comparo com os outros, aprendi a confiar na minha própria auto-avaliação. Hoje em dia, consigo olhar para mim mesma e me dirigir às minhas fraquezas (mesmo que deteste admiti-las), concentrando-me em combater as que eu consigo. É importante ser honesta consigo mesma e avaliar igualmente os pontos fortes. Essa é metade da batalha. Quando eu sei do que sou capaz, com um pouco de pesquisa, consigo atacar toda e qualquer situação (ou oponente) que cruze o meu caminho. Esse é um processo contínuo percorrido quase diariamente.

"Desenvolva uma comunicação interna efetiva" é outra regra que utilizo bastante. Eu tive a sorte de contar com uma família aberta e amorosa. Converso com os meus pais com freqüência sobre os mais variados assuntos e peço conselhos a eles. Os laços familiares são importantes nos relacionamentos da vida. Nem é preciso dizer o quão importante eles são para uma comunicação eficaz com os superiores e subordinados no trabalho. Problemas simples ganham uma proporção gigantesca por causa da má comunicação. Uma comunicação eficiente é também de grande importância no trato com os amigos e nos relacionamentos amorosos.

Há muitos anos, eu e uma grande amiga tivemos problemas de comunicação. Dividíamos um apartamento havia poucos meses, e pequenas coisas que ela fazia me irritavam, mas eu não falava nada para ela. O nosso relacionamento degringolou no dia em que eu "explodi" e pedi que ela saísse do apartamento. Depois do acontecido, eu me arrependi e passei a me sentir culpada. Se eu tivesse dito antes o que me irritava tanto, talvez fôssemos amigas ainda hoje.

"Avalie cuidadosamente as condições" e *"compare os atributos"* são dois princípios que uso em quase tudo o que faço. Essas regras são fundamentais para se tomar as grandes decisões, tais como comprar uma casa, comprar um carro, quais escolhas de carreira a fazer, ou como planejar um casamento. Eu avalio as condições da situação utilizando cinco fatores constantes:

Influência moral: Qual o impacto que esta tarefa terá sobre a minha família?

Clima: As circunstâncias externas estão sendo levadas em consideração?

Terreno: Para onde a tarefa está me levando?

Comandante: Qual será o meu trabalho e para quem eu vou trabalhar?

Doutrina: Tenho o conhecimento suficiente para executar o trabalho, ou preciso de mais educação para executá-lo?

Ajustar esses cinco fatores à situação pessoal me permite fazer uma boa avaliação. Comparo então os pontos positivos e negativos para enfim tomar uma decisão bem-informada. Esse processo simples ajuda-me a ter certeza de ter analisado todas as opções.

"A disciplina pode construir a lealdade" é outra regra que ninguém pode dispensar. O meu senso inerente de autodisciplina cresceu durante a temporada que passei em West Point. A disciplina permite que uma pessoa alcance os seus objetivos acadêmicos, profissionais, esportivos e pessoais. A coisa mais difícil é dizer a mim mesma o que devo fazer para ser bem-sucedida. Muitas vezes, especialmente agora que ocupo um posto de comando, tendo a ignorar as minhas próprias necessidades disciplinares para me concentrar nos meus soldados. Isso não está mal, contanto que eu não negligencie o que é preciso para me manter firme, física e emocionalmente, no caminho da minha profissão. Muitas vezes são o meu noivo, os meus pais ou um amigo que mostram o caminho. Dói dar-se conta de que não estamos dando tudo de nós, ou que agimos de forma apática. Isso acontece, porém, para todos. O que fazemos para resolver os nossos problemas depende da autodisciplina.

DECISÕES EFICAZES

Robert Jerus, Professor
Southeastern College

Sun Tzu disse: "*A qualidade das decisões é como a bicada do falcão que, por causa da precisão do golpe, estraçalha o corpo da presa.*"

A característica que distingue as pessoas eficazes é a habilidade em tomar decisões de qualidade e implementá-las. Os conceitos de Sun Tzu emprestam as ferramentas necessárias para aprimorar essa capacidade. O mestre estrategista fala reiteradamente do conhecimento e da experiência em planejamento de longo e curto prazos, além da coleta de dados, análise e ação.

Indiretamente, Sun Tzu mostrou que o fracasso tem muito a nos ensinar. Devemos aprender com as experiências passadas, pois as batalhas perdidas também fazem parte do sucesso na guerra.

As qualificações na tomada de decisões dividem as pessoas em dois grupos, a das que têm a vontade necessária para alcançar os seus objetivos e as que vivem frustradas no seu canto. O elemento crucial e decisivo do êxito reside no arrojamento da ação. Muitas pessoas possuem visões e ideais, têm ambições e não deixam de colocar os seus planos em ação, mas fracassam em transformar o sonho em realidade.

Os sonhos têm a sua função. A vida ficaria vazia sem aspirações e esperança no futuro. O campeão, no entanto, é aquele que implementa os seus planos. Estratégias e táticas nos dão o contexto operacional para vencer. O sucesso está em viver.

Sempre existem razões para postergar uma ação. Se levamos a vida na espera da oportunidade perfeita e da ocasião mais vantajosa para capitalizar os frutos, a nossa vida passará e nos arrependeremos. Aqueles que muito conjeturam estão perdidos.

Lembre do falcão de Sun Tzu. A bicada que estraçalha a presa é essencial para a sua sobrevivência. Sendo ele um predador, as capacidades de visão e de vôo do falcão são projetadas para a ação. A visão aguçada, a velocidade e a paciência culminam no sucesso.

Tomar decisões diferenciadas e segui-las com ações compatíveis são a essência dos ensinamentos de Sun Tzu. O sucesso na vida, como no campo de batalha, é o produto de informação, análise e, fundamentalmente, da decisão de agir.

Talvez o exemplo mais impressionante de tomada de decisão eficiente que conheço seja o de um calouro dos meus tempos de faculdade e da sua aspiração insólita. O sujeito, vou chamá-lo de Jack, confidenciou que a sua intenção era se tornar presidente dos Estados Unidos. Contive a minha risada quando notei que ele falava sério. Queria especializar-se em contabilidade, pois sabia da enorme responsabilidade sobre as finanças que cabia ao presidente. Na faculdade, Jack estava sempre envolvido em atividades comunitárias, pois as considerava cruciais para a sua missão.

Quatro anos se passaram e Jack recebeu o diploma com láurea em seu programa, continuando então o curso de direito. Depois de mais alguns anos, recebeu também o diploma de bacharel, formando-se como um dos primeiros da turma. Jack seguiu atuando no serviço comunitário e entrou para um prestigioso escritório de advocacia.

Perdi o contato com ele por alguns anos, mas, quando o reencontrei, na casa dos 30 anos, era dono de um escritório de advocacia bem-sucedido, casara-se e tinha dois filhos. Perguntei a Jack sobre o seu sonho de se tornar presidente dos EUA. Ele achava que eu tivesse esquecido o seu comentário, respondeu com um largo sorriso no rosto. Depois, explicou minuciosamente que aquele ideal estava na raiz do seu sucesso. Seguindo o conselho de Sun Tzu, a resoluta decisão de então tinha dado direcionamento à sua vida e à sua educação, o que culminou em oportunidades aproveitadas. Jack, por fim, discorreu sobre o poder das decisões, algo que eu poderia estar falando para ele.

Sun Tzu nos ensina sobre o valor das decisões seguidas da ação. Quando lutamos para tornar os nossos sonhos realidade, boas coisas acontecem.

IMPLEMENTANDO A ESTRATÉGIA

Ivan Larsch
Ex-capitão da Marinha norte-americana
Presidente da Corporação (aposentado)

Alguém poderia pensar que, na minha educação na academia naval dos EUA, haveria aulas sobre *A Arte da Guerra*. Como Sun Tzu nunca teve uma marinha, essa omissão é desculpável, apesar de achar que teria muito a aprender sobre estratégia com o mestre chinês. Estranhamente, nem mesmo no meu treinamento na infantaria dos fuzileiros navais, como oficial júnior, nem nos treinamentos como jovem piloto de caça, estava incluído o estudo de Sun Tzu.

Vim a aprender sobre o mestre estrategista com o seu mais ardoroso defensor e intérprete, Gerald Michaelson, quando ele elaborou o planejamento estratégico para a minha empresa em 1998. O desempenho financeiro da companhia tinha sido forte em comparação com a média do setor, porém o crescimento dos lucros fora anêmico. Todos os caminhos estratégicos que divergiam das normas tradicionais do nosso histórico pareciam estar repletos de obstáculos.

"Mantenha-se firme no que você está fazendo", esse é um tema recorrente do livro de Tom Peters, *In Search of Excellence*, assim como também a opinião geral dos membros mais conservadores da nossa equipe administrativa.

"Identifique os pontos fortes." O conselho de Michaelson era simples: escutem Sun Tzu. *"O exército tem em comum com a água a maneira de comportar-se: a tendência da água é correr do alto para as terras bai-*

xas; a lei da operação militar dita que se deve evitar o lado forte do inimigo e atacar o seu lado fraco." Resumindo em poucas palavras, as batalhas são ganhas quando concentramos os nossos pontos fortes contra os pontos fracos do adversário — sempre.

Com a insistência de Michaelson, a equipe abraçou o processo de identificar as nossas forças que, acumuladas, poderiam assegurar a vitória contra as fraquezas dos concorrentes. Essa parte do processo foi revigorante! Os membros da equipe eram encorajados a alcançar o consenso sobre as vantagens competitivas vistas como dominantes e sustentáveis.

"*Identifique os pontos fracos.*" Essa foi a parte chata do trabalho — ser o mais honesto possível a respeito de nossos pontos fracos e vulneráveis para atacar a concorrência. Novamente, escutamos Sun Tzu: "*A invencibilidade depende de nossa defesa, enquanto a vitória depende de nosso ataque. O indivíduo defende-se quando as suas forças são inadequadas, mas ataca quando elas são abundantes.*"

Era bem mais agradável falar sobre as forças abundantes, mas nós possuíamos também fraquezas flagrantes. Nos negócios, como nas batalhas, se não estamos na ofensiva, estamos na defensiva. Pareceu a nós que a melhor maneira de defender as nossas áreas mais fracas era convertê-las em ações ofensivas. Discutimos as diversas maneiras de montar "ataques de guerrilha" a partir dos nossos pontos mais fracos, assegurando posições modestas dentro do círculo de poder do nosso concorrente principal e, assim, evitando travar uma batalha de grandes proporções contra um inimigo superior.

Em nossa nova concepção, planejamos abrir pequenas representações em outros países, formar alianças estratégicas com empresas não concorrentes, além de encontrar novas maneiras de aumentar a participação de mercado, de reduzir custos e de integrar sistemas. Subitamente, armar jogadas defensivas parecia bem mais atraente!

Da análise à estratégia. Finalmente, uma estratégia veio à tona; uma estratégia que assegurava um crescimento geral seguro a partir de nossos pontos fortes, além de nos dar esperanças de um crescimento adicional a partir das iniciativas ofensivas das "táticas de guerrilha" nos territórios novos.

Existem nitidamente duas atividades distintas em todo exercício estratégico: em primeiro lugar, o planejamento e a preparação; em segundo, a condução e a execução. A História, e também a minha experiência pessoal, demonstram que uma estratégia mediana, executada brilhantemente, é mais eficaz do que uma estratégia brilhante executada de forma mediana. Sun Tzu tinha muito a dizer sobre a execução, mas concentremo-nos na questão do *timing*, que é da máxima importância. *A essência da guerra* (e dos negócios) *é a velocidade. Tire vantagem da falta de preparo do inimigo, planeje os deslocamentos por rotas inesperadas e ataque o rival quando ele estiver desprevenido*.

Nenhum de nós vai se tornar uma liderança apenas lendo as palavras dos grandes líderes. Entretanto, podemos nos tornar gerentes e planejadores sensivelmente melhores, ou aprimorar uma execução, quando estudamos os ensinamentos de um perito que resistem à passagem do tempo. Para quem busca a vitória no campo de batalha, no mundo dos negócios, ou na vida pessoal, os preceitos de Sun Tzu em *A Arte da Guerra*, expressos mais de 25 séculos atrás, ainda são excepcionalmente atuais e de grande valor.

ESTUDE OS PRINCÍPIOS

Edward Speed
Vice-presidente sênior de Planejamento Estratégico
San Antonio Credit Union

Quando fui apresentado à *Arte da Guerra*, ainda um jovem oficial da 3ª Divisão Armada do exército, disseram-me que muitas pessoas conheciam o livro, mas poucas a entendiam. Lembrando desse alerta, raramente discuto a obra do Mestre com alguém, a não ser que esteja pelo menos um pouco familiarizado com o seu conteúdo.

Fui amargamente recordado da veracidade do conselho quando, durante uma conferência em que propus a aplicação da obra a uma situação particular de negócios, uma gerente interrompeu-me de modo agressivo e irônico, dizendo que "não existia lugar nos negócios dos dias de hoje para posições beligerantes vindas de livros que transbordam testosterona".

A resposta apropriada para a ignorância, quando acompanhada de arrogância, é sempre a cuidadosa serenidade. Logo, permaneci em silêncio.

O que a minha talentosa, porém jovem e pouco sábia, colega não sabia é que *A Arte da Guerra* é tudo menos "beligerante"; muito pelo contrário, busca evitar a violência.

A leitura de *A Arte da Guerra* é provavelmente pouco recomendável para quem não tenha uma quantidade significativa de cabelos brancos. Para entendê-la e colocar em prática os seus princípios, a pessoa deve ser dócil no sentido literal da palavra. "Dócil" entrou em nosso vocabulário pelo Francês, que por sua vez tem a sua raiz no latim, "*docilis*", que significa "facilmente ensinado". Veio depois a significar a disposição para aprender e receber ensinamentos. Logo, a pessoa dócil é a que tem as qualidades do estudante por excelência, aquele que busca o conhecimento com esforço e perseverança. Hoje em dia, infelizmente, a palavra raramente é usada a não ser de forma pejorativa.

O cerne de *A Arte da Guerra* está na abertura ao aprendizado e na contínua, honesta e inspirada observação e aceitação dos fatos. Está em enxergar a realidade de forma nua e crua, e não como gostaríamos que ela fosse.

Isso é óbvio e patente para todos os que a estudam e nela apóiamse em seus negócios. Na frase de abertura da obra, o mestre diz que a guerra deve ser estudada. Em seguida, comenta que devemos avaliar e comparar. Lista, após, como qualidades de um general, a sabedoria, a sinceridade, a humanidade, a coragem e a correção. Como elas estão distantes das características dos heróis dos filmes de ação modernos! Em contrapartida, são elas as virtudes dos bons estudantes e dos intelectuais que poderão vir a ser.

É ponto pacífico que a pessoa de natureza serena, reflexiva, estudiosa e perspicaz torna-se flexível. A flexibilidade é crucial, pois, como Sun Tzu mesmo diz, "*... assim como a água não tem uma forma definida, não existem na guerra condições imutáveis*". Mais tarde o mestre acrescenta: "*Dos cinco elementos, nenhum predomina na natureza; das quatro estações, todas têm início e fim; dos dias, alguns são longos, enquanto outros são curtos; e no ciclo lunar, ao esplendor segue o ocaso.*"

Caso exista um "princípio central" para a compreensão de Sun Tzu e para a aplicação de suas percepções à vida e aos negócios, esse é a atitude serena, misto de atenção e flexibilidade. Pode ser traduzida por uma atitude meditativa Zen, de prestar atenção em tudo sem aterse a nada, que nos remete a uma postura aparentemente contraditória: a concentração intensa paralela ao estado de alerta para o que acontece ao redor. Só aparentemente contraditórias, pois elas são qualquer coisa menos isso. A concentração num foco particular e a atenção geral apóiam-se, de fato, reciprocamente.

Leia *A Arte da Guerra* novamente, desta vez sob o prisma da "docilidade" como definida acima. Você verá que ela permeia a obra. Reiteradamente, Sun Tzu admoesta o general a observar, a ponderar, a pesar a situação, a examinar, a escutar e a discernir. Somente então deve ele agir. Somente desse modo as suas ações e os atos de guerra (no caso do homem de negócios, as suas decisões) estarão respaldados pelo conhecimento, e não pelo auto-engano. Certamente também não estarão respaldados pela ofensiva apressada e impetuosa.

A maioria dos meus colegas é devota do guru da administração Tom Peters, que está longe de ser o meu preferido. Peters insiste que o sucesso é alcançado por meio de estratégias do tipo "Agir antes de pensar". O autor também não disfarça a sua hostilidade àqueles que preferem uma postura mais pensada, estudada e metódica de ação. Um alvo recente de Peters é Peter Drucker, provavelmente o maior e mais admirado teórico da gestão de negócios do nosso tempo.

Não tenho vergonha de dizer que sou discípulo tanto de Peter Drucker como de Sun Tzu. Drucker, em seu grande livro, *The Effective Executive*, afirma: "Os executivos eficientes não apostam corrida."

O Mestre concordaria.

BIBLIOGRAFIA

Livros

von Clausewitz, Carl. *On War*. Princeton University Press, Princeton, 1976.

Van Creveld, Martin. *Command in War*. Harvard University Press, Cambridge, 1985.

Cohen, William A. *The Art of the Leader*. Englewood Cliffs, NJ, 1990.

Creech, Bill, General. *The Five Pillars of TQM*. Plume/Penguin, Nova York, 1994.

Dixon, Norman. *On the Psicology of Military Incompetence*. Johnathon Cape, Londres, 1976.

du Picq, Ardant, Coronel. *Battle Studies*. The Military Science Publishing Co., Harrisburg, 1958.

Fenster, Julie M. *In the Words of Great Business Leaders*. John Wiley & Sons, Inc., Nova York, 2000.

Fuller, J. F. C. *The Conduct of War*. Eyre & Spottiswoode, Londres, 1961.

Fulmer, Phillip e Sentell, Gerald. *Legacy of Winning*. Esgotado.

Halberstam, David. *The Reckoning*. William Morrow & Company, Nova York, 1986.

Hart, B.H. Lidel. *Strategy*. Praeger Publishers, Nova York, 1967.

Henderson, G.F. R., Coronel. *The Science of War*. Longmans, Green & Co., Londres, 1905.

Johnstone, Henry Melville, Capitão. *The Foundations of Strategy*. George, Allen & Unwin, Londres, 1914.

Levinson, Harry. *The Exceptional Executive*. New American Library, Nova York, 1971.

Luttwack, Edward N. *On the Meaning of Victory*. Simon and Schuster, Nova York, 1986.

_____. *The Pentagon and The Art of War*. Simon and Schuster, Nova York, 1984.

Luttwack, Edward N. e Horowitz, Daniel. *The Israeli Army*. Abt Books, Cambridge, 1983.

Mahan, A.T. *The Influence of Sea Power upon History*. Hill and Wang, Nova York, 1957.

Michaelson, Gerald A. *Building Bridges to Customers*. Productivity Press, Portland, 1995.

_____. *Winning the Marketing War*. Pressmark International, Knoxville, 1987.

_____. *50 Ways to Close a Sale*. William Morrow and Company, Inc., Nova York, 1994.

Phillips, Thomas R., Major (org.). *Roots of Strategy*. Greenwood Press, Westport, 1982.

Tye, Joe. *Personal Best*. MIF Books, Nova York, 1997.

Revistas

Modern Maturity (AARP), Washington, janeiro-fevereiro de 2002.

Newsweek (Newsweek, Inc.), 444 Madison Avenue, New York, NY 10022, 17/12/2001.

Time (Time, Inc.), Time & Life Building, Rockefeller Center, New York, NY 10020, 14/8/2001.

Outra fonte

Conferência de Benjamin Netanyahu, Detroit, 5/1/2002.

BIBLIOGRAFIA DE TRADUÇÕES DE *A ARTE DA GUERRA*

Inclui apenas traduções completas da obra

Ames, Roger. *Sun Tzu: The Art of Warfare*. Ballantine Books, Nova York, 1993. Inclui análise, texto completo e "cinco capítulos até então desconhecidos".

Bruya, Brian. *Sun Zi Speaks* ("Sun Zi" é uma grafia mais aproximada à fonética chinesa). Anchor Books, Nova York, 1966. Ilustrado por Tsai Chih Chung com desenhos em estilo de *cartoon* acompanhando cada uma das sentenças.

Chien-sein Ko. *The Art of War by Sun Tzu in Chinese and English*. Sem editor, 1973.

Clavell, James. *The Art of War Sun Tzu*. Delta by Dell, Nova York, 1988. Traduzido pelo novelista com interpretações dos ideogramas que não possuem a leitura combativa dos autores militares.

Cleary, Thomas. *The Art of War Sun Tzu*. Shamballa, Boston e Londres, 1988. Traduzido do original com comentários abrangentes de onze intérpretes.

Giles, Lionel. *Sun Tzu on The Art of War*. Sem editor, esgotado. Comentários abrangentes para cada sentença.

Griffith, Samuel B. *Sun Tzu The Art of War*. Oxford Press, Londres e Nova York, 1963. Comentários abrangentes de toda a obra.

Krause, Donald G. *The Art of War for Executives*. Berkley, Nova York, 1995. Muitas análises, mas talvez não contenha a tradução integral.

Phillips, Thomas R., Major. Numerosas traduções, incluindo *The Art of War*. Greenwood Press, Westport, 1940.

Sadler, Al. *Three Military Classics of China* (incluindo *A Arte da Guerra)*. Australasian Medical, Sidney, 1944. Provavelmente esgotado.

Sawyer, Ralph D. *Sun Tzu The Art of War*. Westview Press, Boulder, 1994. Texto original, mais comentários abrangentes. *The Complete The Art of War Sun Tzu, Sun Pin*. Publicado em 1996.

Tang Zi Chang. *Principles of Conflict*. T.C. Press, Esgotado.

Wing, R.L. *The Art of Strategy*. Sem editor.

Zang Humin. *Sun Tzu, The Art of War*. Sem editor. Inclui diversos textos em línguas orientais e comentários sucintos.